마흔에는
어른이 될 줄
알았다

마흔에는
어른이 될 줄
알았다 ——————— 구마시로 도루 지음
정혜주 옮김

샘터

| 차 례 |

어른이 되기 힘든 세상에서
'어른 계단'을 올라서기 위해

　인간은 태어나고 얼마 지나지 않아 청년이 되고, 어느 사이엔가 어른이 되며 마지막에는 늙어 죽게 됩니다. 요즘에는 건강한 노인도 많아지고 노화 억제도 활성화되었지만, 이 순서는 바뀌지 않습니다. 빨리 태어난 사람부터 나이가 들고, 노인이 되고 결국 죽는 것이 인간의 숙명입니다. 그렇기에 인간은 생명을 소중히 여기고 살아갈 날이 얼마 남지 않았음을 깨달은 사람은 그 시간을 더욱 소중히 하려고 합니다.

　그런데 사회적 존재로서의 인간은 그렇게 간단하게 청년에서 어른으로 바뀌지 않습니다. 세상에는 영원히 청년이라고 생각하며 늙어가는 사람이 있습니다. 또는 자신이 20대였을 때 유행했던 것을 아랫세대에게 강요하고 그것이 당연하다고 생각하는 40대, 경험이 부족한 신입을 내쫓고 착취해서 자신에게 유리하게 포장하는 50대, 오랜 세월에 걸쳐 손에 넣은 재산과 노하우를 자신한테만 쓰는 60대 등 아직 '어른'이라고 보기 어려운 사람이 많습니다.

한편 일찍 어른이 되는 사람도 있습니다. 지역 활동에 적극적으로 참여하고 조직 발전과 관리에 힘쓰며 후배의 성장을 돕고자 하는 사람은, 자기 자신의 성장에만 매달리는 사람에 비해 어른이라 할 수 있겠죠. 그렇게 자신과 같은 세대가 어른다워지는 걸 보고 '초조'한 감정이 스치는 사람도 있을 겁니다.

그렇다면 어른이란 대체 어떤 존재일까요? 저는 몇 년 전에 '나이 들어가는 법을 모르게 된 현대사회'라는 주제로 책을 한 권 썼습니다. 현대사회에는 아이와 청년, 청년과 어른, 어른과 노인을 확실히 구분하는 경계선이 없어졌습니다. 환갑을 맞았어도 여전히 청년의 생각으로 살아가는 사람도 많습니다. 20대나 30대를 어른이라는 범주에 포함시킬 수도 있지만, 청년이라는 범주가 될 수도 있고, 때로는 '아이'에 포함시킬 수도 있습니다. 현대사회는 나이에 얽매이지 않고 자유롭게 살아가게 되었지만, 나이를 기준으로 라이프스타일을 바꾸는 것도 어려워졌습니다. 그런 환경 속에서 바람직한 방향으로 나이 드는 것이 얼마나 어려운지에 대해 다룬 바 있습니다. '나이 드는 것의 어려움'에 대해서 충분히 쓰기는 했지만, '나이 드는 재미'나 '나이 든 보람'에 대해서는 별로 다루지 못했습니다.

저 자신도 나이가 들고, 어른의 역할에 익숙해지면서 어른의 재미와 매력에 대해 많은 것을 깨닫게 되었는데, 그런 깨달음을 많은 분께 전하고 싶어졌습니다. 청년에서 어른으로 전환하는 시기에 인생론의 내용을 업데이트하면 지금 '어른 계단'에 발을 내딛는 사람들에게 필요한 메시지가 되지 않을까, 그런 생각으로 이 책을 쓰게 되었습니다.

현재 저는 43세이고, 50대나 60대가 되었을 때 어떻게 될지 아직은 모릅니다. 그 대신 청년이 끝나고 어른이 시작되었을 때의 마음을 생생히 기억하고 있고, 바로 지금이 그 '경계'에 대해 가장 언어화하기 쉬운 시기라고 생각합니다. 청년의 과도기에 대해서 말한다면 지금의 제가 적령기이겠죠.

30대 무렵의 저는 청년을 그만둔 후에 찾아온 심경과 상황이 무엇인지 알기 위해, 심리 발달에 대한 전문서를 섭렵하다시피 했습니다. 지식이 선행되어야 한다고는 하지만, 앞으로 나이가 들어가면서 심리적으로 어떻게 바뀔 수 있는가를 미리 알아둔다면 나 자신이 어른이 되었을 때 도움이 될 테니까요.

이와 마찬가지로 앞으로 청년을 끝내고 어른이 되는 사람이 이 책을 읽으면 조금이나마 어른이 되고 나서의 변화를 미리 준비할 수 있고, 한 살 한 살 먹을 때마다 도움이 될 것입니다. 어른의 부정적인 면에 막연한 불안을 느끼기보다 긍정적인 면에도 눈을 돌려 나이 들어가는 불안을 줄이는 게 어떨까요. 이런 태도 자체가 어른이 된다는 전제를 받아들이고 행동하는 자세일 겁니다.

제가 나이 들고 새삼스레 알게 된 것은 어른의 '형태'는 다양하고, 어른의 책임과 의무는 사람마다 다르다는 것이었습니다. 어른이란 청년이 상상하는 모습보다 훨씬 다양하고, 심리 발달 교과서에 나오는 전형적인 이미지와는 상당히 멀다고, 지금의 저는 이해하고 있습니다. 후진 양성은 바람직한 어른의 모습이긴 하지만, 그것만이 어른은 아닙니다. 동시에 어떤 인생을 걸어왔더라도 중년의 문턱을 넘어서게 되면 어른이 될 수밖에 없고, 어른이 된다는 것은 돌이킬 수 없는 일이라는 걸 인식하게 되었습니다.

이 책을 통해 저는 어른이란 무엇인가, 청년을 끝내고 어른이 시작되면 무슨 일이 일어나는가를 소개하고자 합니다. 청년에서 어른으로 바뀌는 사이에 일과 취미, 연애나 결혼에 대한 사고방식이 크게 달라짐으로써 청년이었을 때는 비관적으로 생각했던 요소가 안정감과 충실감의 원천으로 바뀌는 경우도 있습니다.

지금 20~30대를 맞이하는 사람 중에는 어른이 된다는 책임과 의무에 대해 부담을 느끼거나 노화에 의해 쇠약해지는 것을 두려워하는 사람도 많을 겁니다. 사실 청년을 끝내고 어른을 시작하는 데 부담을 느끼는 것은 당연하며, 노화에 의한 쇠약은 결코 부정할 수 없는 일입니다.

하지만 그런 부정적인 부분에만 매달려 실제로 나이가 들고 나서 깨닫는 긍정적인 부분을 알지 못하게 되는 것은 안타까운 일입니다. 어차피 누구나 나이가 들어갑니다. 부정적인 부분에 겁먹기보다 긍정적으로 바라보며 충실한 어른을 목표로 하는 것이 어떨까요? 어른이 되는 긍정적인 면을 찾아내 나이 든 만큼 보람 있는 삶을 만들어보지 않겠습니까?

청년을 끝내고 어른이 되는 것에 불안이 따라다니는 것은 당연합니다. 오랫동안 유지해온 하나의 라이프스타일을 끝내고, 그렇지 않은 누군가로 바뀌는 것과 다름이 없으니까요. 그렇다고 청년을 영원히 유지하는 것은 그것대로 자연스럽지 못하고, 어른의 계단을 밟아가는 주변 사람들과의 차이를 깨닫게 될 수도 있겠죠.

저는 그런 분들께 청년을 끝내고 어른이 되는 것도 꽤 재미있다는 걸 알려드리고 싶습니다. 어른이 될 수 없다고 느끼는 사람, 청년과 어른의 경계선을 건너려고 하는 분들의 앞길을 이 책이 조금이나마 비추었으면 합니다. 그럼 우리 앞에 놓인 인생을 한번 들여다볼까요?

제1장

'청춘 지향'에서
'성숙 지향'으로

상황의 변화를 바탕으로 다양하게 전환하는 선택이
인생을 편한 길로 이끌어줍니다.

여러분은 중년이 되었을 때 무엇을 하고 있고, 어떤 생각을 하고 있을지 상상할 수 있나요?

20대 때 저는 10년 후의 제 모습이 어떨지 상상조차 되지 않았습니다. 부모님의 권유로 아무 생각 없이 의대에 입학했지만, 막상 의대생 시절에는 백의를 입은 '의사 선생님'이 될 거라고는 생각하지 못했습니다. 눈앞의 테스트에 시달리며 실습 때도 실수를 연발하던 제가 무사히 졸업해서 의사 면허증을 받을 수 있을지, 받는다고 해도 사회에 적응해서 살아갈 수 있을지 정말 자신이 없었습니다.

30대가 되어 조금은 익숙해지고, 어느 정도 세상살이를 알기 시작한 후에도 그다지 바뀌지 않았습니다. 예측할 수 있는 것은 여전히 정신과 의사로 일할 거라는 것, 체력이 떨어졌을 거라는 것 정도였습니다. 사생활이나 취미 등에 대해서는 상상할 수 없었습니다.

당시 저는 게임에 빠져 사는 싱글 라이프와 정신과 의사의 삶을 아슬아슬하게 병행하고 있었습니다. 그러나 '10년 후에는 게임을 계속할 수 없겠지'라고도 느끼고 있었습니다. 결혼에 대해 생각해야 했지만, 의무와 책임만 떠올라 암울하게 느껴졌습니다.

소크라테스는 결혼을 망설이는 사람에게 '결혼은 해도 후회, 안 해도 후회'라고 말했다고 합니다. 당시의 저는 바로 그런 느낌으로 결혼 여부와 상관없이 미래가 암울하리라 생각했습니다. 곧 청년이 끝난다는 사실을 직시하지 못했던 것입니다.

이런 감각은 결코 드문 일이 아닙니다. 트위터의 검색 창에 '30세가 되면 죽는다'라고 입력만 해도 자신의 미래를 진지하게 마주하고 싶지 않은 사람들을 많이 찾을 수 있습니다. 40대도 마찬가지로 늙은 자신의 미래에 대해서 생각하고 싶지 않은 사람, 절망을 느끼는 사람은 예나 지금이나 꽤 있습니다. 물론 제게 '30세가 되면 죽는다'라는 생각이 잘못됐다고 말할 자격은 없습니다. 저도 마찬가지였으니까요.

하지만 나이가 든다고 해서 꼭 나쁜 것만은 아닙니다. 젊음을 잃는 대신에 옛날에는 몰랐던 것을 알 수 있고, 지식과 경험이 축적됩니다. 중년이 되어야 알 수 있고, 쉽게 할 수 있는 것도 많습니다. '나이 들고 싶지 않다', '계속 젊고 싶다'라고 바라는 사람들이 생각하는 것만큼 미래는 절망적이지 않습니다. 물론 나이가 들어감으로써 잃는 것, 더는 지속할 수 없게 되는 것도 생깁니다. '무엇이든 될 가능성'은 나이가 들수록 줄어들고, 그런 상실감이 불안의 대상이 된다는 것도 알고 있습니다.

그러나 그토록 두려워했던 상실감이 40대에 이르러 뜻밖의 변화를 가져다줄 수도 있습니다. 아마도 아직 중년으로 살아보지 못한 사람에게는 의심스러울지도 모르겠습니다.

하지만 청년의 시점에서 보이지 않는 것, 청년일 때는 생각지도 못했던 것이 중년이 되어서 보인다거나 생각할 수 있게 되는 경우는 비일비재합니다. 직업이나 결혼과 같은 표면적인 변화뿐만 아니라 무엇을 바라고 살아가는지, 무엇을 불안해하는지 등 인생 전반이 크게 변화합니다. 그와 더불어 세상을 바라보는 방법이나 삶의 보람도 크게 달라집니다.

그런 심경 변화에 대해서 20~30대 무렵의 저는 전혀 예상할 수 없었습니다. 아마 여러분 또한 예상하지 못했을 겁니다.

나이가 들어간다는 건 피할 수 없는 일, 그렇다면 잃는 것에만 집착해서 비관하기보다 긍정적인 부분도 의식하면서 더 적극적으로 나이 들어도 좋지 않을까요?

청년을 계속 유지하는 것의 한계

시간의 흐름은 빠르고 세월은 사람을 기다려주지 않습니다. 초등학교 때를 떠올리면 모두 알겠지만, 어린 시절의 1년은 매우 길고 무겁습니다. 중학교, 고등학교 때 각각 3년은 체감상 길고, 이제 와 생각하면

'청춘 지향'에서 19
'성숙 지향'으로

사소한 일도 깊게 고민했던 시기입니다.

취직 후에도 처음 1년은 정신없이 보냅니다. 뒤돌아볼 여유는 거의 없지요. 계속 현재에 쫓기고, '지금'에 저당잡힐 수밖에 없는 것이 청년의 삶이고, 또 그렇기에 청년입니다.

다만 그렇게 눈앞의 현재에 쫓기는 사이에, 어느새 몇 년이 흐르고 문득 정신이 들면 밤샘 작업이 힘들다거나 술집이나 노래방에서 시끌시끌 지냈던 기억이 까마득합니다. 취미 또한 마찬가지입니다. 밤을 새우며 애니메이션을 보는 사람, 웹 소설이나 소셜 게임을 즐기는 사람들. 그렇게 공기를 마시듯이 최신 콘텐츠를 즐길 수 있는 건 젊었을 때뿐일지도 모릅니다. 아직 깨닫지 못했겠지만, 나이가 들어감에 따라 최신 콘텐츠를 공기처럼 빨아들일 수 없게 됩니다. 심호흡할 때처럼 제대로 의식하고 흡수하지 않으면 콘텐츠가 자신 안으로 들어오지 않습니다.

일에서도 세월은 사람을 기다려주지 않습니다. 어느 정도 일이 익숙해졌을 무렵에는 이미 어린 신입이 들어온 상태고, 당신을 '선배'라 부르고 있을 겁니다. 그리고 몇 년 전의 여러분처럼 뭔가를 배우고 싶다, 적절한 지시를 받고 싶다는 얼굴로 당신을 바라볼 것입니다.

이직이나 퇴직을 해도 상황은 크게 바뀌지 않습니다. 사람들은 '그 나이에 이직을 하네', '○○살이면서 재취직을 하려고 하다니'라는 시선으로 바라봅니다. 최근에는 노화를 억제하려고 애쓰는 사람들도 많은 듯합니다. 외모나 육체 기능을 젊게 유지하는 것 자체는 나쁘지 않습니다. 그러나 아무리 노화를 억제한다고 해도 이력서에 쓰는 나이나, 기업 또는 회사 안에서 자신이 자리한 위치까지 막을 수는 없습니다.

아무리 외모나 육체를 젊게 유지한다고 해도 '사회적인 연령에 상응하는 나이가 되었는가'의 여부, 즉 '연공'을 쌓은 어른이 되었는가에 대해 아랫사람들의 가차 없는 추궁을 받게 됩니다. 여러분이 윗세대를 바라볼 때의 시선을 한번 떠올려보세요. 어른인데도 어른이 아닌 중년이나 노인을 봤을 때, '어른답지 않다'라든가 '꼰대'라는 말을 떠올리는 사람이 많을 겁니다. 그러나 지금 이런저런 이유로 어른들을 비난하는 여러분도 염두에 두어야 합니다.

누구나 인생의 어느 순간에 중년이 된다는 것을요. 그리고 이번에는 내가 어린 사람들의 '심판'을 받게 됩니다. 윗사람에 걸맞은 행동을 하고 있는지 심판대에 서게 되는 것입니다.

만약 당신이 중년이 되었는데도 어른답지 못한 행동을 반복한다면 주위의 시선은 냉담할 테고, 아랫사람들이 '꼰대'로 간주하더라도 불평할 까닭이 없습니다. 이런 점까지 고려한다면 인간이란 세월의 흐름을 거스르고 살 수 없고, 생물로서도 사회적 존재로서도 나이 들어가는 걸 불가피하다고 생각할 수밖에 없습니다.

제가 아직 청년이었을 때(구체적으로 1990년대에서 2000년대쯤)는 몸도 마음도 가능하면 청년이 가장 좋고, 청년이야말로 인간이 살아가기 위한 가장 이상적인 롤모델이라고 말하는 사회 풍조가 이어지고 있었습니다. 청년을 찬미하는 풍조는 전쟁 직후부터 있었지만(자세히는 2장에서 다루겠습니다), 어른인 중년이 점점 더 외면당한 것은 거품 경기(1986년부터 1991년까지 일본에서 일어난 자산가격 상승과 호경기 및 그에 관련되어 일어난 사회현상-옮긴이) 때부터였을 겁니다. 예를 들어 남자라면 자니스(일본에서 결성된 최초의 아이돌 그룹-옮긴이)를, 여자라면 아이돌 가수나 여자 아나운서처럼 나이를 먹어도 '오빠와 언니' 모습 그대로인 캐릭터를 이상적으로 여겼습니다.

그런 사고방식이 보다 극단적으로 드러났던 것이 몇 년 전에 화제가 되었던 '초이와루오야지チョイ悪オヤジ(성격 나쁜 아저씨라는 뜻-옮긴이)'와 '아라포(어라운드 포티의 준말로 40세 전후의 사람-옮긴이) 여자'라는 신조어입니다. 지금도 이따금 40~60대 중에서 그런 청년 지상주의적인 사고방식을 가진 사람을 만납니다.

그러나 제게는 그런 청년이 무한정 계속되는 사회 풍조가 너무나 비현실적이었습니다. 그 이유 중 하나는 제가 정토진종의 신앙이 살아

있는 호쿠리쿠의 벽촌에서 자랐기 때문입니다. 제 고향에서는 어린아
이들이 스님 이야기를 경청하는 것이 당연했으니 제행무상諸行無常(불
교의 교리로 세상 모든 행위는 늘 변하여 한 가지 모습으로 정해져 있지 않다는
뜻-옮긴이)을 비롯한 불교적 가치관이 깔려 있었습니다.

그러나 그 이상으로 컸던 것은 20대 후반부터 게임 실력이 떨어지
는 것을 체감한 탓이었습니다. 저는 패미콘Famicon(패밀리 컴퓨터의 준
말로 TV 게임용 컴퓨터-옮긴이) 시대부터 게임만 해서 학생 때는 전형적
인 게임 오타쿠가 되어 있었습니다. 학교보다 오락실에서 오랜 시간을
보내고 난이도 높은 게임에 도전한 결과 전국의 플레이어들과 하이스
코어로 겨루는 등 마치 선수처럼 게임에 몰두했던 겁니다. 그래서 저는
20대 후반 무렵부터 동체 시력과 집중력이 떨어졌음을 느끼게 되었습
니다.

당시에는 패션도 신경을 썼는데, 패션에 대해 알면 알수록 '외모는
속일 수 있어도 게임 실력은 속일 수 없다'는 사실을 절감하게 되었습니
다. 즉, 아무리 외모를 꾸며도 띠동갑 아래의 젊은 플레이어와 같을 수
는 없습니다. 선배 플레이어들을 보면서 가급적 동체 시력과 집중력에
의지하지 않는 플레이 스타일을 익히기 시작한 것도 이때부터입니다.

게다가 정신과 의사이자, 한 가정의 가장으로서 책임과 의무가 늘어
남에 따라 유유자적 지낼 수 없게 되었습니다. 흔한 오타쿠로서 게임과

애니메이션, 라이트노벨도 즐겨왔지만, 그 모든 걸 지금까지처럼 즐기는 것은 시간적으로도 체력적으로도 불가능하다고 깨달은 것입니다.

그런 경험을 바탕으로 서는 청년의 입장을 유지하는 것이 위험하다(적어도 계속 유지하려면 내가 변하지 않으면 안 된다)고 생각합니다.

바뀌어야 할 때 바뀌지 않으면 위험하다

여기까지 읽고 '나이 들어 실력이 떨어진 게임 오타쿠 아냐', '그저 그런 오타쿠가 된 것뿐이잖아'라고 생각한 사람도 있을 겁니다.

제가 30대가 되고 나서 '그저 그렇게' 된 것은 사실입니다. 하지만 20대 때처럼 계속 게임을 즐기고 애니메이션, 라이트노벨 등을 보는 데 시간을 들였다면, 일과 생활의 균형이 무너져 심신이 약해졌을 겁니다.

청년에서 어른이 되어감에 따라 의무와 책임이 주어지는데, 만약 청년의 라이프스타일을 관철하려고 한다면 어떻게 될까요? 정신과에서 진료를 하다 보면 그런 환자를 마주할 때가 있습니다.

(사례 1) 33세, 여성

A씨는 33세의 회사원으로, 불면증과 의욕 및 집중력 저하를 주요

증상으로 진찰을 받았습니다.

A씨는 활달한 성격에, 학업 성적도 좋아 국립대학을 졸업한 후에는 상장 기업에 취직했습니다. 코믹마켓(매년 두 번 개최되는 세계 최대 규모의 만화, 애니메이션 행사 – 옮긴이)에서 만난 남편과 26세에 결혼해서 두 자녀를 두었습니다. 육아 휴직 제도나 어린이집을 이용하고, 남편도 육아에 협조적이어서 회사를 계속 다닐 수 있었죠. 남들이 볼 때는 순조로운 인생을 보내는 것처럼 보였습니다.

그런데 32세 무렵부터 A씨는 피로감과 집중력 저하를 자각하게 되었습니다. 졸음운전으로 위험을 느낀 적도 있었다고 합니다. 단순히 피로라고 생각하고 한동안 방치했지만, 33세 때 학부모 회의 임원을 맡으면서부터는 피로감과 불면증이 심해지고 식욕도 눈에 띄게 떨어져 정신과를 찾게 되었습니다. A씨에게 이야기를 들었더니 일이나 학부모 회의 활동에 스트레스를 느낀 것도 아니고 발병 전후에 커다란 문제나 스트레스가 있었던 것도 아니었습니다. 다만 A씨의 일상생활은 너무나 고됐습니다.

아침 일찍 일어나 아이의 등교 준비를 마치고 나서야 출근을 합니다. 퇴근은 업무가 많을 때 빼고는 아이의 학원이 끝나는 길에 맞추고 집에 가서는 집안일을 하죠. 주말이 되면 동인지 글을 쓰거나 애니메이션을 감상하고, 또는 학부모들과 만나는 데 시간을 할애하거나 틈날

때마다 메신저와 트위터를 살펴봅니다.

증상이 안정된 후 저는 A씨와 라이프스타일에 대해 얘기했습니다. 청년일 때의 생활 패턴을 계속 유지하면서 어른의 역할을 다할 수 없다고 하자 A씨도 짚이는 바가 있었던 듯합니다. 그 후 휴식 시간을 갖고 취미 생활을 조절하면서부터는 재발 징후도 보이지 않아 반년 후에 진료를 종료했습니다.

일과 육아, 취미를 병행하던 A씨의 생활은 어떤 면에서는 현대인의 이상적인 라이프스타일입니다.

그러나 청년에서 어른으로 바뀐 것을 무시하고 모두 다 끌어안으려고 하면 당연히 무리가 생길 수밖에 없습니다. A씨의 경우는 우울증이라는 형태로 표출되었는데, 만약 뇌경색이나 심근경색이라는 병으로 나타났다면 어땠을까요.

어설프게 뛰어난 사람은, 청년일 때 하는 행동과 어른 이후 새롭게 시작되는 일을 병행하는 경우가 있습니다. 하지만 나이가 들면서 신체는 약해지는데, 늘어난 사회적 의무와 책임을 모두 다 끌어안을 수는 없습니다.

인간이 나이가 들고 조금씩 변화하는 것을 고려한다면, 청년의 일상을 그대로 유지하려고 하는 건 현명하지 않습니다. 그보다 변화하는 상황에 따라 자기 삶의 형태를 바꾸는 것이 편안하게 나이 드는 방법입니다.

어른이 청년과 똑같이 행동해선 안 된다

그래도 여전히 청년을 끝내는 대신 다양한 경험을 통해 기술을 익히고 싶다……고 할지 모릅니다.

나이에 따라서도 다르겠지만 대부분은 청년이 계속 유지되었으면 좋겠다고 생각하고 있고, 이왕이면 후회가 남지 않기를 바랍니다. 하지만 청년에서 어른으로 전환하는 타이밍이나, 역할의 변화에는 무관심합니다.

세상에는 어른이 되었는데도 청년처럼 살아가려고 해서 힘들어하는 사람이 있습니다.

(사례 2) 47세, 남성

B씨는 건강한 체력을 지녔고, 진학도 취직도 문제없이 진행되어 정서적으로 안정된 상태였습니다. 현지 유명 기업의 요직에 있으며, 10여 년의 결혼생활도 순조로웠습니다.

그런데 46세가 되었을 때 스포츠클럽에서 알게 된 스무 살 어린 여성과 불륜을 저질렀고, 그때부터 '새로운 인생을 시작하고 싶다'라고 생각하게 되었습니다. 하지만 아내에게 이혼을 고함과 동시에 가정은 무너지고 쫓겨나듯이 이혼하게 되었습니다. B씨는 퇴직에까지 이르지는 않았지만, 일도 부진하고 생활도 피폐해져 결국 내과 의사한테서 알코올 의존증 치료를 권유받았고 정신과까지 오게 되었습니다.

진찰 결과 알코올 의존 외에도 우울증에 걸린 상태여서 입원 치료를 처방했습니다. 그동안의 이력을 통해 조울증에 의한 돌발적인 행동의 가능성은 극히 낮다고 판단되었습니다.

항우울제를 이용한 치료를 통해 B씨는 3개월 후에는 퇴원할 수 있었지만, 그 후에도 한참 자신의 선택을 후회했습니다. 그리고 꽤 오랜 시간이 흐른 후에야 마음의 정리를 할 수 있었습니다.

청년일 때는 연인을 바꾸는 것도, 직업을 바꾸는 것도 흔한 일입니다. 며칠간의 경험, 단 하나의 선택으로 극적인 변화가 일어나고, 시행착오를 반복하면서 성장하는 것이 청년이겠죠. 또 자신의 상황이나 욕구를 최우선으로 행동할 수 있는 것도 청년의 특권일 수 있습니다. 그러나 결혼해서 아이를 키우고 사회적으로도 중요한 역할을 맡고 있는 어른이 청년과 똑같이 행동하면 많은 문제에 직면하게 됩니다. 이제 청년이 아닌 상황을 무시하고 자기중심적으로 행동하다 보면 B씨와 같은 파국을 맞이할지 모르고, 어떻게 면한다고 해도 주변 사람들에게서 '그 나이를 먹고 뭐하고 있는 거야?'라는 냉담한 시선은 피할 수 없을 겁니다.

어른의 나이임에도 어른과 동떨어진 언행을 하는 중년을 여러분은 '어른답지 않다'거나 때로는 '꼰대'로 간주할 것입니다. 저도 젊었을 때는 까다로운 눈으로 어른을 바라봤기 때문에 그 마음은 잘 알고 있습니다.

그러나 어른을 매섭게 바라보는 여러분도 주의해야 합니다. 청년도 결국에는 나이가 들어 중년이 되고 책임이 따릅니다. 그러면 이번에는 여러분이 아랫세대로부터 어른에 대한 평가를 받게 됩니다. 그때 여러분이 자신의 상황이나 욕구 외에는 안중에 없이 윗세대나 아랫세대를 헐뜯는다고 하면…… 꼰대라는 비난은 고스란히 본인에게 돌아올 것입니다.

어른의 올바른 정의

그렇다면 올바르고 바람직한 어른이란 무엇일까요. 확실한 경계가 있는 것이 아니라서 어른의 요소를 꼽자면 한도 끝도 없습니다. 그러나 하나의 조건이나 정의로 정리한다면, 저는 세대나 입장이 다른 사람에게 그 차이를 바탕으로 대하는 것이라 생각합니다.

성장 가능성이 있는 어린 사람을 선배로서 또는 역할이 완성된 사람으로서 대하고, 서로 간에 세대 차나 가치관의 차이가 있음을 인지하는 사람은 이미 그것만으로 어른이라 할 수 있지 않을까요?

이따금 전철 안에서 우는 아이를 어머니가 어쩔 줄 모르고 달래는 모습을 마주할 때가 있습니다. 이때 주변에서 잠자코 지켜봐주는 사람들 또한 어른입니다. 마찬가지로 노인에게 자리를 양보하는 것도 작은 어른의 실천입니다. 세대나 입장이 다른 사람에게 그 차이를 바탕으로 대하고 있다는 의미에서는 어른을 실천하고 있다고 할 수 있습니다.

특히 누군가를 보살필 때 어른의 역할이 더욱 두드러집니다. 육아를 예로 들어보겠습니다. 아기는 부모에게 전적으로 의지하는 존재로 태어납니다. 식사도, 옷을 갈아입는 일도, 안전의 확보도, 배설도 무엇 하나 스스로 할 수 없습니다. 아기가 할 수 있는 것이라고 해봐야 귀여운 몸짓과 스킨십으로 부모를 기쁘게 하는 정도입니다.

다만, 그 덕분에 부모는 세대와 입장이 다른 존재에 대해 매우 많은 것을 실감합니다. 부모는 돌보고 아기는 의지합니다. 부모와 자식의 입장 차이가 확실해서, 이것 이상 알기 쉽게 어른이라는 입장을 실감할 기회는 없습니다.

베테랑 상사가 신입사원을 지도하며 한 사람의 몫을 하는 사람으로 키울 때도 마찬가지입니다. 좌우도 구분 못 하는 신입사원에게 업무 방법이나 문제 해결법 등을 가르칠 때, 아직 경험이 별로 없는 사람은 소싯적에 익혀온 것을 지금 활용하고 있음을 실감합니다.

이와 함께 자신이 신입사원을 키우는 책임자가 되었음을 자각하거나, 또는 신입사원과의 미묘한 세대 차이를 깨달을지도 모릅니다. 그 상황을 진지하게 대하는 한 어른으로서의 의식이나 행동은 자연히 익히게 될 것입니다.

만약 주변에 아이나 후배, 또는 노인에 대해 입장과 가치관의 차이를 인정하고 현명하게 대처하는 사람이 있다고 하면 그 사람은 어른이라 할 수 있습니다. 그런 자그마한 실천을 쌓아감으로써 사람은 조금씩 어른이 되어가는, 아니 어른을 실천하는 것에 익숙해져가는 것이 아닐까요?

마음의 성숙에도 순서가 있다

그렇다고는 해도 매사에는 순서가 있습니다. 원하지 않는 아이를 낳고는 학대하거나 부모나 조부모에게 아이를 맡기고 나 몰라라 하는 경우가 있는 것처럼 마음의 준비도 경제적 기반도 없이 아이를 키운다고 해서 어른이 될 수는 없습니다.

상사와 부하, 선배와 후배라는 관계에서도 반드시 어른을 양성한다고 할 수 없습니다. 세상에는 부하를 일회용 체스 말로만 생각하는 상사나, 후배에게 선배 티를 내면서 아무것도 주지 않는 선배도 있습니다. 또 부모나 상사로서 지도를 열심히 해도, 동세대와 아랫세대의 가치관과 시대 차이를 고려하지 못하는 사람도 많이 있습니다.

어른이 비교적 일찍 찾아오는 사람이 있다면, 도무지 오지 않는 사람도 있습니다. 능숙하게 해내는 사람이 있다면, 서투른 사람도 있습니다. 앞서 말한 것처럼 영원히 청년으로 있을 수 없고, 결국 어른이 되어야 할 나이에 가까워옵니다. 그렇다고 해도 어른을 잘 실천할 수 있는 시기나 정도에는 개인차가 있는 것도 사실입니다.

만약 여러분이 '나는 어른이 될 준비가 전혀 되어 있지 않은 청년이다'라거나 '지금 아이를 가질 마음의 준비도 경제적인 기반도 되어 있지 않다'고 생각하고 있다면 서둘러 어른이 될 필요는 없다고 봅니다.

예를 들어 지금 여러분이 반 친구들과 친하게 지내려고 노력한다거나 입사 동기와 선의의 경쟁을 하면서 기술을 연마하는 데 열중한다면, 그걸 우선시해도 문제는 없습니다. 훌륭한 어른들에 둘러싸여 있고, 한창 그들의 기술과 노하우를 엄청난 속도로 흡수하며, 제구실을 할 수 있게 되기까지 앞으로 한 걸음 나아가는 중인 경우도 마찬가지입니다.

인생에는 철저히 자기 성장에 집중하는 시기가 필요합니다. 젊었을 때가 바로 그런 시기죠. 아직 청년으로 성장하는 중이고, 나이상으로도 아직 여유가 있다면 어른을 서두르지 않아도 상관없지 않을까요.

발달단계설이라는 심리발달의 모델을 제창한 에릭슨이라는 학자는 "인간의 심리적인 성숙에는 순서가 있는데 초등학교 시기에는 초등학교 시기의, 사춘기에는 사춘기의, 성인이 되고 나서는 성인의, 성숙의 과제가 있다"고 말했습니다.

에릭슨의 모델대로 생각한다면 초등학교 시기에는 다른 아이와 함께 재능을 기르거나 공부를 하는 것이 중요하고, 사춘기에는 정체성을 확립하는 것이, 성인이 되었을 때에는 인재를 육성하는 것이 과제가 됩니다(도표1, 34쪽).

물론 이는 대략적인 모델이고, 과제를 완수하는 데는 사람마다 개인차가 있습니다. 그래도 성숙의 과제가 중요해지는 순서는 대부분 이렇다고 봐도 문제없습니다. 성인기의 '보살핌'이 사춘기나 초등학교 시기의 과제보다 앞에 오지 않지만, 만약 주위 환경 등의 이유로 아이를 돌봐야 하는 상황에 놓이게 된다면 어딘가 문제가 생길 거라고 에릭슨은

도표1 각 발달 단계에서의 성숙 과제

	발달 과제	갖추어야 할 양식	사회 반경
영아기 (탄생~)	신뢰 vs 불신	얻는다／돌려준다	어머니
초기 유아기 (18개월간~)	자율성 vs 수치·의혹	유지한다／넘겨주다	아버지 어머니
유아기 (3세경~)	적극성 vs 죄악감	생각대로 한다／흉내 낸다	부모 형제자매 등
아동기 (5세경~)	생산성 vs 열등감	물건을 만든다／함께 만든다	반 친구 교사 등
사춘기 (제2차 성장~)	정체성 확립 vs 확산	타인 속에서 자신을 잃고, 발견한다	놀이 집단 등
초기 성인기 (20세경~)	친밀성 vs 독립	나 자신인 것／'우리'의 공유	
성인기 (40세경~)	생식성 vs 정체	보살핀다	직장 조직 가정
노년기 (60세경~)	통합성 vs 절망	죽음의 운명에 직면한다	인류 종족

《자아동일성: 정체성과 라이프사이클》 및 《캐플런 임상 정신의학 교재 제2판》 라이프 사이클 표 참조(일부 각색).

생각했습니다.

이런 사고방식은 이 책의 청년과 어른의 이야기에도 들어맞습니다. 청년이어야 할 시기에 청년을 제대로 끝내지 못하고 어른을 미룸으로써 그 왜곡성이 드러나는 중년은 꽤 많이 있습니다.

자신이 이룰 수 없었던 꿈을 자녀에게 맡겨 '패자부활전' 하려는 부모가 바로 그 예입니다. 이 타입의 부모는 세속적인 체면을 위해 부모의 의무를 하고 있고, 의식적으로 어른 행동을 합니다. 그러나 그들의 언행을 제3자가 관찰하면 자기중심적인 동기나 방향성이 보입니다.

또 앞서 이야기한 B씨의 경우처럼 중년이 되고 나서 갑자기 청년을 다시 시작하는 사람에게도 청년으로 있어야 할 시기에 청년을 하지 못했던 미련이 자리하는 경우가 종종 있습니다.

저는 여러분이 어디서든 어른을 시작하길 바라고 있으며 청년과는 다른 어른에게 새로운 매력이 있다는 사실을 전하고 싶습니다. 그렇다고 어른이 되라고 재촉하는 것은 아닙니다.

여러분이 만약 자신의 성장이나 변화에 열중하며 노력하고 있다면, 지금은 그 시간을 소중히 하시길 바랍니다. 30대 후반에서 40대가 되면 생물로서 나이가 들어 사회적인 위치도 달라지기 때문에 어쩔 수 없이 어른을 시작하게 되지만, 그보다 젊은 나이엔 굳이 어른을 서두를 이유가 없습니다.

어른이 되면 기쁨의 기준도 바뀐다

그런데 어른이 되면 꿈을 잃어버릴 것 같다든가, 어른을 실천하는 일은 벅찰 거라고 생각하고 있지 않습니까? 항상 새로운 것을 찾고, 끊임없이 변화해야 하며, 자신의 가능성이나 욕구를 좇는 것이 청년이고, 그렇지 않은 사람들을 어른이라고 한다면, 어른이란 성장은커녕 변화하지 못하고, 결국 누군가를 보살피는 일뿐이라서 살아갈 재미가 없다고 생각할지 모릅니다.

그런 청년의 시선으로 어른 이후의 인생에 대해 평가하면, 어른이란 변화하기 힘들고 가능성과 욕구를 좇지 못하는 청년의 열등 버전일 수밖에 없습니다. 자식을 키우거나 후진 양성을 도모하는 사람들이 스스로 고생을 사서 하는 '가성비'가 나쁜 삶을 살고 있는 것처럼 비칠지 모릅니다.

그런데 어른의 시선으로 어른을 평가해야 합니다. 제가 실제로 나이가 들고, 아이를 보살피며 어린 사람들의 나이나 입장 차이를 의식하면서 깨달은 것은 자신의 변화나 가능성을 다소 희생하면서도 보살필 상대가 성장하고 배워가는 것을 보면, 그에 비해 보람이나 용기가 강하게 생기더라는 것이었습니다.

30~40대가 되면 성장과 변화의 가능성은 20대 이전만큼 풍부하다고 볼 수 없습니다. 경험과 지식이 늘어남으로써 업무 등의 사회적 역할은 이전보다 훨씬 잘 소화하게 되지만, 20대 때처럼 급격히 성장하는 경우는 줄어듭니다.

한편, 앞서 게임 이야기에서 언급했듯이 동체 시력과 집중력 저하 등 육체적으로 변화가 생기고, 친구나 지인들 중에도 병이나 사고로 은퇴를 할 수밖에 없는 사람, 세상을 뜨는 사람이 나오기도 합니다. 학창 시절에는 생각도 못 했던 인생의 남은 시간에 대해 생각할 기회도 늘어납니다.

그런 처지가 되면 자녀나 어린 지인의 성장이 눈부시고 기쁘게 느껴집니다. 실제로 자신한테 100의 노력을 들여도 고작 10밖에 못하더라도 20대의 성장을 도우면 20이나 30 이상 늘어날 가능성이 있습니다. 어린아이라면 100 이상의 성장을 기대할 수도 있습니다.

게다가 어린 사람들은 나보다 오래 살 테니 향상된 재능과 능력을 나보다 오래 사용할 수 있을 겁니다. 그렇다면 나 자신의 성장을 위해 100의 노력을 전부 쏟을 게 아니라 자녀나 어린 후배의 성장에도 노력을 나누는 쪽이 전체적으로는 기쁨이나 행복이 늘어나지 않을까요? 애정을 느끼고 있는 아이의 성장이라면 더더욱 그럴 것입니다.

자신을 청년의 시점에서 바라본다면 청년을 끝내고 어른을 시작해도 가능성이나 욕구 충족을 방해할 뿐이지만, 청년을 끝내고 어른을 시작할 무렵에는 자신의 가능성이나 욕구 충족을 좇는 것 이외의 새로운 기쁨이나 꿈을 쉽게 의식하게 될 것입니다. 세상의 아버지 어머니들이 고통 대신, 알찬 나날을 보내는 비결의 하나가 바로 이것입니다.

자신 외에도 자녀나 가까운 후배의 성장…… 나아가서는 사회 전체의 번영에조차 기쁨과 꿈을 찾게 된다면 어른이라는 처지는 바깥을 향한 가능성으로 열릴 것입니다.

인생의 '가성비'

제가 청년이었을 무렵, 어째서 어른은 '부모'라는 의무를 아무렇지 않게 받아들이는지, 후진 양성에 힘쓰는 어른이 왜 존재하는지 알지 못했습니다. 자신의 성장이나 욕구 충족이라는 관점에서 본다면 타인을 아낌없이 돌보는 사람은 자신의 성장이나 욕구 충족을 뒤로 미루고 손해 보는 사람, 일부러 의무를 짊어지고 '가성비'가 나쁜 인생을 걸어가는 사람들로밖에 보이지 않는 것입니다.

그러나 신체의 변화를 느끼거나 인생의 남은 날들을 의식하는 나이가 되고, 실제로 아이를 키워보니 나의 '가성비' 계산식은 완전히 바뀌게 되었습니다.

초등학교 저학년 때 어머니와 함께 카페에 가서 초콜릿 파르페를 먹었던 적이 있습니다. 그때 어머니는 초콜릿 파르페를 먹고 있는 나를 만족스레 바라보고 계셨습니다. 초콜릿 파르페를 먹는 사람은 나였고,

어머니는 커피밖에 마시지 않았는데도 어째서 만족스러운 얼굴을 하고 있는 걸까, 그때는 이상하게 생각했습니다.

이제는 어머니의 마음이 어땠는지 잘 압니다. 자신의 욕구를 채우지 않아도 아이가 만족하는 모습을 보는 것만으로 매우 기쁘고 행복한 것입니다. 아이가 뭔가를 맛있게 먹기만 해도 기쁘고, 아이의 성장이나 자신의 성장과 마찬가지로 즐거워집니다. 다른 아이들의 모습을 바라보아도 저는 행복을 느끼게 되었습니다. 후배의 실력이 늘어가는 모습이나 처음에는 미덥지 않던 신입사원이 점점 의지할 수 있는 동료로 성장하는 과정에서도 커다란 기쁨을 찾게 되었습니다.

청년에서 어른으로 바뀌면서 제 자신의 성장 가능성을 얼마간 잃은 것은 사실이겠죠. 그 대신 그것을 보충하고도 남을 만큼 새로운 기쁨과 행복감을 찾은 것입니다. 그것은 청년이었던 시절에는 절대로 상상하지 못했고, 인생의 '가성비'에 대해 생각할 때에도 계산하지 못했던 것이었습니다.

개인주의가 침투한 현대사회에서는 바로 청년에 가까운 시선에서 인생을 계획하거나 인생의 '가성비'에 대해 생각하게 됩니다. 즉, 자신의 성장이나 요구야말로 중요하다는 사고방식입니다. 인터넷상에서 일컫는 행복론이나 인생론에도 그런 청년으로서의 내면이나 가치관을 가진 채 나이 들어가는 걸 전제로 인생을 이야기합니다. 10대 때의 제 생각도 그랬습니다.

그러나 청년을 끝내고 어른이 시작되면 '행복이란 무엇인가', '인생
의 가치란 무엇인가' 하는 논점의 기준이 완전히 바뀌게 됩니다. 같은
시대를 살아가는 사람들을 바라봤을 때 생기 넘치게 활약하는 어른은
많든 적든 그런 가치관의 전환을 겪은 듯 보입니다.

청년의 관점에서는 손해인 것, '가성비'가 나쁜 것에 주력하고 있는
어른을 이해할 수 없는 존재로 보거나 머리가 나쁜 존재로 보지는 말
아주세요. 그들의 행복이나 인생의 '가성비' 방정식은 나이가 들어가면
서 바뀐 것입니다.

언젠가는 여러분의 방정식도, 그렇게 바뀌어갈지 모릅니다. 청년의
관점으로는 새카만 암흑처럼 보이는 삶이 어른의 관점으로 보면 기쁨
으로 충만한 삶일 수 있습니다.

초콜릿 파르페를 먹는 사람만이 행복하다고 생각하지 않는 겁니다.
다른 누군가가 초콜릿 파르페를 먹고 있는 걸 바라보는 것만으로 행복
해지는, 그런 미래가 기다리고 있을지 모릅니다.

제2장

어른이 되었다고 실감하기 어려운 시대

오늘날 사회에서는 어른을 실천하고 실감하기 위한
장소가 사실상 쟁탈의 장이 되어버렸습니다.
인생의 의자 뺏기 게임에서 이긴 자만이 어른을
시작할 수 있는, 그런 시대가 되어버린 겁니다.

제1장에서는 청년을 끝내고 어른을 시작하면서 깨닫는 것, 보이는 것을 간추려 소개했습니다. 10대 때는 보이지 않았던 것이 20대가 되자 보이는 것과 마찬가지로 아저씨와 아주머니로 불리는 나이가 됐을 때 보이는 것이 있고, 그것은 결코 나쁘거나 슬픈 것만은 아닙니다.

그러나 현대사회의 청년, 특히 슬슬 어른이 시작되는 나이부터 이미 어른이 시작되었어도 이상하지 않을 사람 중 어른의 가능성을 인식하고 있는 사람이나 기대를 갖고 있는 사람은 얼마나 될까요?

제가 젊었을 때를 떠올리거나, 주변 상황을 살펴봐도 참 이상한 겁니다. 저는 어렸을 때부터 훌륭한 어른에 둘러싸여 자란 편이었습니다. 고향의 지역사회에도 학교에도 직장에도, 존경심을 느낄 수 있는 선배나 스승들을 만나왔으니까요. 그럼에도 저는 나이 들어가는 것, 더 이상 청년이 아니라는 것에 오랜 기간 겁먹고 있었습니다. 저 또한 제1장에서 다루었던 '30세가 되면 죽는다'라고 생각하는 타입의 청년 중 하나였습니다.

NHK가 중고등학생을 대상으로 실시한 '중고생의 생활과 의식조사'라는 보고서가 있습니다. 이를 살펴보면 시대별로 중고생이 얼마나 어른이 되고 싶어 했는가, 아니면 되고 싶어 하지 않았는가를 알 수 있습니다(도표2).

도표2 중고생의 연대별 의식

모른다 / ▫ 되고 싶지 않다 / ▪ 되고 싶다

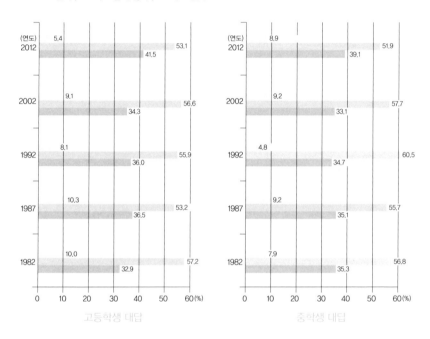

NHK 방송문화연구소 편집, 《NHK 중고생의 생활과 의식조사 2012 : 잃어버린 20년이 낳은 '행복'
한 10대》참조.

그래프를 보면 중고생은 지난 수십 년 동안 어른이 되고 싶지 않았

습니다.

20세기에는 유명한 정신과 의사와 심리학자가 이런 상황을 다양하게 분석했습니다. 그 분석 중에는 '성숙하지 않은 청년'에 비판적인 것도 있고, '앞으로 청년을 계속 유지하는 게 사회에 적응하기 쉽다'라고 한 긍정적인 분석도 있었습니다.

현재 여러분 세대 중에도 계속 청년을 유지하고 싶다는 의식을 가진 사람은 많이 찾을 수 있고, 입으로는 아저씨가 다 됐다고 하면서도 '아저씨를 자처하는 청년'이라고밖에 말할 수 없는 사람도 많이 보입니다. 한편 슬슬 청년을 그만두고 어른이 될까라든가, 청년이 아닌 무언가가 될 가능성에 눈뜨는 사람은 좀체 찾기 어렵습니다.

저보다 나이가 위인 사람들조차 아직 청년적인 가치관을 고집하고, 마치 청년의 늙은 버전과 같은 라이프스타일을 보내는 사람이 눈에 띕니다. 다시 말해 나이 들어 내리막에 접어들어도 자신의 성장이나 변화에 신경 쓰고, 유연하며 유행에 강하다는 자부심을 갖고 싶어 하는 중년이 꽤 있습니다.

왜 청년을 고집하는 걸까요. 어째서 어른을 꺼리게 되는 걸까요. 제2장에서는 어른을 꺼리는 심리를 만들어내는 사회적 배경에 대해 알아보겠습니다.

'청춘'이라는 과대포장

저는 이 책을 통해 '청년도 좋지만 어른도 나쁘지 않다'는 생각을 전하려고 합니다. 그러나 이런 메시지는 TV나 신문, 인터넷 등 그 어떤 곳에서도 다룬 적이 없습니다. 전쟁이 끝나고 나서 오랜 기간, 일본의 매스 미디어는 어른의 매력이나 장점을 부각시키기보다 청년의 매력을 강조하는 데 적극적이었습니다.

태평양 전쟁(1941~1945년) 이후의 세대는 기성 세대와는 다른 가치관이나 문화, 삶을 만들기 시작했습니다. 오시마 나기사大島渚(새로운 형식의 실험과 날카로운 주제의식을 겸비한 일본의 영화감독-옮긴이)나 이시하라 신타로石原慎太郎(일본의 대표적 보수 논객으로 소설가이자 정치가-옮긴이) 같은 사람들이 주도하는 형태로 전쟁 이후 일본의 '서브컬처=청년 문화'가 꽃핀 것입니다.

한편 전쟁 이전의 어른이 부정당하고, '메인컬처=어른 문화'가 쇠퇴하면서 얼마 안 있어 서브컬처가 그 자리를 대신하게 됩니다. 예를 들어 청년과 아이가 즐기는 것이었던 만화는 20세기 후반에는 어른도 즐기는 장르가 되었습니다. 21세기에는 게임이나 애니메이션도 어른이 즐기는 장르의 대열에 합류하고, 어른을 대상으로 한 CM에 그들의 캐릭터나 BGM이 이용되었습니다. 가요곡의 경우 전쟁이 끝나고 얼마 지

나지 않은 세대는 가야마 유조加山雄三(1937년에 태어난 일본의 싱어송라이터이자 배우-옮긴이)나 미소라 히바리美空ひばり(1937년에 태어난 일본의 가수이자 배우-옮긴이)를 사랑해왔고, 그보다 이후 세대는 마쓰토야 유미松任谷由実(1954년에 태어난 일본의 가수이자 작곡가, 음악 프로듀서-옮긴이)나 나가부치 쓰요시長渕剛(1956년에 태어난 일본의 싱어송라이터이자 배우-옮긴이)를, 조금 더 뒤의 세대는 SMAP(1988년에 결성된 일본의 남성 아이돌 그룹-옮긴이)나 아무로 나미에安室奈美恵(1977년에 태어난 일본의 가수이자 댄서-옮긴이)를 사랑해왔습니다.

그것 때문에 서브컬처의 발신자는 대부분 청년으로 계속 남아 있길 바랍니다. 가야마 유조는 몇 살이 되어도 '청년 대장'으로서 팬들에게 사랑받고 있고, 야자와 에이키치矢沢永吉(1949년에 태어난 일본의 배우이자 뮤지션-옮긴이)나 마쓰다 세이코松田聖子(1962년에 태어난 일본의 가수이자 배우-옮긴이)처럼 버라이어티 프로그램에서 계속 활약하고 있는 탤런트도 비슷한 예입니다. 오래 활동하는 가수나 탤런트에 대해 '아직 젊다', '젊어 보인다'라고 자주 칭찬하지만, '어른스럽다', '나이 들어 보인다'라는 말은 별로 하지 않습니다.

전쟁 이후의 사회에는 청년들이 넘쳐났고 TV나 잡지 등 매스 미디어 자체도 역사가 거의 없었기 때문에 필연적이었을 겁니다. 미디어에서 가장 화려하고 눈에 띄며, 많은 사람이 동경하는 롤모델은 언제나 청년이었습니다.

뉴스에서 청년 범죄를 다룰 때 '콘텐츠와 현실을 구분하지 못한 범죄'라는 식으로 말하지만, 콘텐츠와 현실을 구분하지 못하는 사람은 거의 없습니다. 그러나 동경의 대상이나 롤모델로서 미디어가 보여주는 이상은 현실을 쉽게 잠식하고 자신의 목표와 기대를 바꿔버립니다.

아이돌 가수나 인기 배우와 결혼할 수 있다고 진심으로 믿는 사람은 없겠지만, 그들을 이상적인 배우자상으로 삼는 경우는 얼마든지 있습니다. 또 드라마나 애니메이션처럼 인생을 보낼 수 있다고 믿는 사람도 없지만, 인생의 이상향으로 삼는 사람은 많이 있습니다.

미디어의 영향력을 현실적인 차원이 아니라, 이상향이나 롤모델을 전파하는 것으로 본다면 미디어를 통해 청년이 롤모델로 지속되어온 사실을 주목해야 합니다. 모두의 동경을 '청년'이라는 롤모델이 차지하고, 그 발신자가 청년인 채로 존재한다면 그다음 단계, 어른에 대해 생각하는 사람이 줄어들어도 이상하지 않습니다.

사라진 '어른 강제 장치'

청년이 이상의 롤모델이 되기 전 사회는 어땠을까요. 예전에는 어른

문화의 구조 속에서 누구나 자연스럽게 어른 대열에 합류했습니다. 특히 지방 소도시와 지역사회에서는 어느 정도 나이가 차면 아이가 청년이 되고, 어른 대열에 진입하는 것이 정해져 있었습니다. 어린이 모임에 소속된 아이는 일정 나이가 되면 어린이 모임에서 빠지고 순차적으로 지역 청년회와 부인회에 소속되어 한 구성원으로 받아들여졌습니다. '일정 나이가 되면 지역 축제에서 특정 역할을 소화해야 한다'는 형태로 통과의례를 거치는 지역도 많이 있었습니다. 지역 커뮤니티에 소속되어 통과의례를 거치고 나면 자연스럽게 어른이 되었던 것입니다.

다시 말해, 강제적으로 어른이 되어야만 했다고도 할 수 있습니다. 어린이 모임이든 청년회이든, 그것들은 원칙적으로 강제 참여였습니다. 어른이 되기 싫다고 해서 모임에 들어가는 시기를 늦춘다거나 통과의례를 늦춘다거나 하는 연장은 허용되지 않았습니다.

그런 지역사회에서는 세대 간 상하관계가 따라다녔습니다. '연장자의 말이 진리이다'라는 가부장적인 성향이 강한 지역에서는 청년회에 입단한, 즉 어른이 된 직후의 청년은 다양한 어려움을 겪었을 겁니다.

더구나 당시에는 자유로이 이사를 하거나 진학하는 사람도 별로 없었고, 현재의 편의점이나 인터넷 쇼핑몰에 해당하는 서비스도 없었기 때문에 현지에서 고립되어 생활하는 일은 거의 불가능했습니다. 지역의 규정을 무시하고 지역에서 바라는 사회적 역할을 회피하고 살아갈 자유는 거의 없었다고 해도 과언이 아닐 겁니다.

현대사회는 그것과는 대조적입니다. 교외나 도시 지역 대부분에서는 지역사회로의 참여가 옛날과 같은 강제력을 갖고 있지 않습니다. 통과의례도 없어졌습니다. 일단 성인식이라는 통과의례 '같은' 것은 남아 있지만, 성인식 참여는 개인의 자유에 맡기고 있으며, 참가했다고 해서 주위의 시선이나 자신의 자각이 바뀌는 사람은 극소수에 불과합니다.

지역사회라는, 사람을 강제로 어른으로 만드는 시스템이 희박해짐으로써 우리는 마음대로 나이를 먹게 되었습니다. 오늘날의 도시와 교외에서는 어른을 시작하지 않고 청년을 고집하며 살아간다고 해서 뒤에서 손가락질을 하거나 인간관계가 없어져버릴 염려는 없습니다. 누구나 어른이 되라고 강제하지 않고, 또 강요당할 일도 없어진 사회가 완성되면서 어른과 청년의 경계선이 모호해졌습니다.

강제로 어른이 되어야만 했던 시대와, 어른으로의 이행을 개인의 자유 의지에 맡기게 된 시대, 어느 쪽이 좋고 나쁘다고는 말할 수 없습니다. 개인생활의 자유라는 관점에서 보면 판정은 후자의 손을 들어줄 수 있겠죠.

다만 어른을 강제하는 구조가 없어진 자리에 청년적인 이상의 롤모델이 침투한 결과, 많은 사람들이 청년의 라이프스타일을 추구하고, 어른으로 바뀌어가는 것을 바라지 않게 되었습니다.

어른 강제 시스템에 있던 사회는 상하관계의 굴레에 입각한 억압도 큰 반면, 어른을 만들어가는 면도 있었습니다. 과거 사회의 플러스와 마이너스 중에서 '마이너스' 부분만 떨어지면 좋겠지만, 실제로는 '플러스' 부분이 떨어져나간 것입니다.

'무엇이든 된다'는 감각

지역사회가 어른을 강제했던 시대는 출신 성분에 의해 자신이 어떤 사람이 되는지 결정되던 시대이기도 했습니다.

사농공상士農工商 때라면 농민의 자식은 대부분 농민이 되고, 직공의 자식은 대부분 직공이 되었습니다. 전쟁 전의 일본 사회에서도 출신 성분은 여전히 중요했습니다. 화족華族이나 자산가 집안에서 태어나느냐 소작인이나 단순 노동자의 집안이냐, 혹은 형제 중 몇 째냐에 따라, 아이가 어떤 사람이 되는지가 대체로 결정되는 것이었습니다. 전쟁 전의 일본에서 '자아 찾기'가 허용된 경우는 좋은 집 둘째나 셋째 정도가 고작이었습니다.

그런데 일본이 패전으로 모두 불타버리고 나서는 개인의 자질과 노력 여하에 따라 무엇이든 된다는 사회가 일시적이라고는 해도 가능해졌습니다. 전쟁 후부터 거품 경기를 거쳐 장기 침체에 이르기까지 몇십 년 사이에, 일본의 청년은 개인의 자질과 노력 여하에 따라 뭐든지될 수 있다고 생각했고, 실제로 뭐든지 되었습니다. 제가 태어난 곳에서도, 이발소나 생선가게 아들이 도쿄대에 들어가 출세했다는 이야기는 심심치 않게 들렸고 부모와는 완전히 다른 직업을 가진 사람이 많이 생겨났습니다.

거품 경기 무렵에는 '그래서 박사야 장관이야?' 하는 이야기만 들리고, 많은 사람이 대학이나 대학원을 목표로 하게 됩니다. 아르바이트를 하면서 '자아 찾기'를 최대한 늦추며 마음껏 즐기는 청년도 눈에 띄었습니다. 이런 경향은 거품 경기가 끝난 후에도 얼마간 지속되어 이를 상징하는 노래나 콘텐츠(Mr. Children(1989년에 결성된 일본의 록밴드-옮긴이)이나 〈아이노리(후지TV에서 1999년부터 2009년까지 방송된 일본의 연애 예능 프로그램-옮긴이)〉 같은)가 인기를 끌었습니다. 이 무렵 청년의 가치관을 한 소절로 정리하면 '아직 아무도 아닌 청년은 무엇이든 된다, 그래서 좋다'라고 할 수 있겠죠.

그로부터 십수 년에 걸쳐 시곗바늘은 얼마간 되감긴 듯 보입니다. 그 또한 가난한 가정과 풍족한 가정의 격차가 확대됨으로써 특히 전자의 가정에서 태어난 아이들은 '자아 찾기'의 경제, 시간적 유예가 없어져버린 탓입니다.

그래프는 대학생의 평균 생활비 추이를 나타낸 것입니다(도표3).

도표3 대학생의 평균 생활비 추이

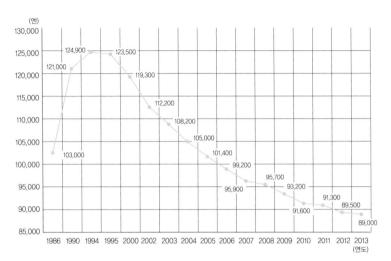

도쿄사립대연합, 《사립대학 신입생의 가계부담 조사》(2013년) 참조.

이 조사에 따르면 최근 대학생의 경제 사정은 1986년 이전의 수준으로 돌아갔습니다. 수업 출결 확인이나 학점 취득이 어려워진 것, 부모님이 보내주는 생활비의 감소를 아르바이트로 충당하고 있음을 감안하면 최근 대학생은 시간적으로도 체력적으로도 여유롭지 못한 상황입니다. 대학과 아르바이트를 병행하는 상황에서 자아 찾기는 매우 어렵다고 생각하는 학생도 많을 겁니다.

대학에 진학하고 얼마간이라도 생활비를 받는 학생은 아직 괜찮은 부류입니다. 이런 그래프의 수면 아래에는 대학에 자녀를 보낼 만한 경제력이 없는 부모나, 진학을 포기하는 가정도 존재합니다.

전쟁 이후, 경제적 수준이나 생활 습관, 어휘력 등 '문화 자본'적인 측면에서도 가정의 격차가 더욱 벌어졌습니다. '노력하면 무엇이든 된다'는 신화는 깨지고, 효율적으로 노력하기 위한 생활 습관조차 부모에게서 자식으로 계승되어간다는 인식이 퍼지면서 여유 없는 가정의 자제들이 '무엇이든 된다'고 믿는 것은 어려워졌습니다. 그들은 '될 수 있는 것이 되는 수밖에 없다'고 여겼습니다.

단, 풍족한 가정에서 태어난 자녀는 이런 제한이 없습니다. 좋은 대학을 나오고, 경력을 향상시키기 위해 이직을 마다하지 않는 청년은 '무엇이든 된다'는 상태를 상당히 오래 유지합니다. 자신의 일에 열중하는 청년의 라이프스타일을 오래 유지하는 것이 고학력 고수입으로 연결되어 육아에 경력이 발목을 잡히지 않는다고 인식되었죠.

격차사회가 진행됨에 따라 경력을 향상시킬 기회가 자신들에게만 주어지는 특권이라고 자각하고 있다면, 그것이 모종의 나르시시즘이나 엘리트주의와 연결되는 데는 얼마 걸리지 않습니다. 2010년대 부모의 충분한 지원을 받으면서 진학하고, 경력을 쌓는 데 주저함이 없는 청년에게는 '무엇이든 된다'는 감각이 더해져 '뭐라도 될 수 있는 나는 뛰어나다'라는 감각이 양날의 검처럼 존재하게 됩니다.

'무엇이든 된다'는 감각이 청년의 증거이자 엘리트의 증거라는 의식으로 연결되고, 이 의식이 여유로운 집안의 자녀 사이에 퍼진다고 한다면, 중상층 자녀들은 어른을 쉽게 늦추고, 청년을 오래 유지할 수 있는 겁니다. 풍족함 속에서 자란 자녀가 어른을 최대한 미루며 청년을 유지하고, 자신의 성장에만 탐닉해가는 사회에 미래의 번영이 있을지 저는 의문입니다.

세대 간의 접점이 사라지다

청년이 어른으로 바뀌어가는 것을 어렵게 하는 요인은 또 있습니다. 현대사회에는 어른과 청년이 접점을 가질 만한 장소나 기회가 별로 없습니다. 아이와 청년, 아이와 어른도 마찬가지입니다. 앞서 지역사회의 어린이 모임이나 청년회에 대해서 언급했지만, 이들은 다른 연령 집단에 속해 있어도 지역 축제나 명절과 같은 행사를 공유하는 등 항상 접점을 갖고 있었습니다.

또 현대의 치안과 책임의 관점에서는 생각할 수 없는 것이지만, 옛 시골에서는 거리 전체가 아이들의 놀이터이자 세대 간 접점을 가질 수 있는 사교장이 되기도 했습니다.

거리, 강, 남의 집 뒷마당조차 우리는 놀이터의 일부로 사용해왔습니다. 〈도라에몽〉에 등장하는, 공터에서 아이들이 놀고 있는 장면에 위화감을 느낄지도 모르지만, 옛날에는 당연한 일이었습니다.

나이가 다른 아이들이 모여 놀 기회도 많고, 십수 명이 동네 야구나 숨바꼭질을 하는 모습도 드물지 않았습니다. 연장자한테서 새로운 놀이, 위험한 장소, 혼나지 않는 방법 등을 배운 것입니다.

중년이나 노인과의 접점도 많았습니다. 거리 전체가 놀이터여서 저는 많은 노인과 알고 지냈고, 어르신들도 동네 아이들의 얼굴을 잘 알고 있었습니다. 과자를 받아오면 야단을 맞기도 했지만, 아이는 노인의 보살핌을 받고 지켜졌다고 기억하고 있습니다.

그러나 제 어린 시절 같은 상황은 도시 지역에서는 이미 옛날에 없어졌고, 근래 들어서는 대부분의 교외 지역에서도 없어졌습니다. 오늘날 거리는 더 이상 아이들의 놀이터가 아닙니다. 공터나 남의 집 뒷마당에는 출입금지 간판이 즐비하고, 공원, 아동센터, 어린이집처럼 어른들이 '아이들이 놀기 좋은 곳'이라고 지정한 장소에서 아이들은 콩나물시루 같은 상태로 놀게 되었습니다. 아이들은 여러 학원에 다니는 등 바쁜 일정으로 동네 아이들끼리 저녁때까지 노는 기회도 줄어들었습니다. 만약 아이가 연장자와의 접점을 많이 갖게 하고 싶다면 스포츠클럽 같은 곳에(부모가 돈을 들여) 다니게 해야 합니다.

사회인이 되어서도 세대 간의 접점은 옛날만큼 많지 않습니다. 신흥 뉴타운이나 아파트 주민들은 동네 활동을 최소화하고, 직장에서도 동아리나 '음주 모임'이 줄어들었기 때문입니다.

노인들도 아랫세대와의 접점을 잃어가고 있습니다. 아이들은 더 이상 거리에서 놀지 않고, 인구 감소가 진행된 마을이나 옛날에 생긴 뉴타운에는 노인밖에 없습니다. 머지않아 노인은 양로원과 데이서비스 day service (고령자나 노인이 시설에 들어가는 대신 당일치기로 목욕이나 간호, 식사 등을 이용할 수 있는 지원 서비스-옮긴이) 신세를 지게 될 테지만, 그 것들은 관리를 받기 위한 시설이지 아랫세대에게 어른으로서 행동하기 위한 장소는 아닙니다.

세대 간 갈등의 책임은 누구에게 있는가

이런 변화는 수십 년 전 사람들이 바라던 결과였습니다. 나이 차가 있는 사람끼리 반강제적으로 함께 보내면 구속감을 느끼거나 스트레스를 받습니다. 옛날 지역사회와 직장에는 고리타분한 연상과의 접점도 많고, 불합리함을 참아야만 하는 청년도 많았습니다. 또 노인 중에서는 아이를 상대하고 싶지 않은데도 마지못해 돌봐야 하는 사람도 있었을 겁니다.

구속감이나 스트레스를 줄이고 각자가 자유로이 보낼 수 있도록 사회 구조도 사고방식도, 거리의 구조도 바뀌어갔습니다. 그 덕분에 현대인은 최소한의 스트레스로 매일을 살게 되었지만(그 비율에 우울증 등의 정신질환이 늘어나고 있는 걸 보면 접점과 스트레스를 줄이는 것이 정답이었다고 볼 수는 없지만), 세대 간에 무언가를 배울 기회는 스스로 찾지 않으면 경험할 수 없게 되어버렸습니다.

최근에는 노인을 '꼰대' 취급하는 청년의 목소리가 들리고, 반대로 노인이 아기의 울음소리를 소음이라고 해서 어린이집이나 유치원 건설에 반대하는 모습을 볼 수 있습니다. 노인을 '꼰대'로 지칭하는 것과 아기의 울음소리를 소음이라고 호소하는 것은 같은 사건의 다른 면을 보고 있는 겁니다. 어른이 되지 않으려는 사회가 돼버렸고 세대간의 접점이 대폭 줄어들면서 다른 세대가 안고 있는 상황과 입장에 대해 고려하지 않게 되어버린 것입니다.

인간은 접점이 없는 타인이나 이해를 같이하지 않는 타인에 대해서는 무신경합니다. 윗세대와 아랫세대의 접점이나 이해를 함께하지 않게 된 사회가 돼버렸기 때문에 청년은 노인을 '꼰대'라고 규정짓고, 노인은 아기의 울음소리를 단순히 소음으로 받아들이게 되었습니다.

세대 간의 접점이 줄어들었기에 연장자에게 인생의 지혜를 얻는다거나, 나이가 든다는 것이 무엇인지 들을 기회가 줄어들었습니다. 이와 마찬가지로 노년 또한 자신의 수명이 줄어들어가는 시간과 본인 이외의 누군가가 점점 성장해가는 시간이 거의 겹치지 않고, 살아갈 날이 줄어든다는 시간의 흐름에 대해서 긍정적인 의미를 부여하기도 어려워졌습니다.

인생의 의자 뺏기 게임

게다가 오늘날 사회에서는 어른을 실천하고 실감하기 위한 장소가 사실상 쟁탈의 장이 되어버렸습니다. 다시 말해 인생의 의자 뺏기 게임에서 이긴 자만이 어른을 시작할 수 있는, 그런 시대가 되어버린 겁니다.

만약 여러분이 지금 아이를 낳고 키우려면 무엇을 먼저 해야 하는지 상상해보세요. 아이를 키우려면 돈이 듭니다. 아이를 거리에서 마음대로 놀게 할 수는 없는 세상이니까, 아이가 보내는 시간에 대해서는 부모가 경제적, 시간적, 정신적으로 도맡아야만 합니다.

그 이전에 먼저 이성에게 선택받는다는 조건을 해결하지 않으면 아이를 낳는다는 것은 꿈 이야기에 지나지 않습니다. 성별에 따라 요구 조건에도 차이가 있고, 연애결혼이냐, 중매결혼이냐에 따라서도 다소 차이가 있을 겁니다. 어쨌든 이성의 선택을 받고 아이를 키우기 위한 조건을 갖춘 자만이 아이를 가질 수 있기 때문에 이성의 선택을 받지 못한 자, 육아의 조건을 갖추지 못한 자는 부모로서 어른을 실천할 수 없습니다. 여성이라면 싱글맘으로 강행할 수 있겠지만, 경제적, 시간적, 정신적으로 여유 없는 단독 육아의 어려움은 굳이 말할 필요도 없을 겁니다.

가정이 아닌 곳에서 어른을 실천할 때도 크게 다르지 않습니다. 부하나 후배를 육성하는 직종이나 지위는 정규직 여부와 출세 상태에 따라 크게 좌우됩니다. 사람들의 지시만 받거나 혼자서 처리하는 일만 해왔다면 어른을 실천할 기회도 어른을 하려는 동기도 생기기 힘듭니다. 물론 아르바이트라도 '베테랑 중년'으로 한 직장에서 오래도록 일할 수 있다면 아랫사람을 챙길 수 있고, 주변의 선망을 살 수도 있습니다. 그러나 고용이 불안정한 요즘에는 계약직처럼 불안하게 일할 수밖에 없는 사람이 많습니다.

어린 사람이 적고 연장자만 넘치는 현재의 인구 피라미드는 어른 쟁탈전이 일어나기 쉬운데, 이런 사회는 후배를 육성할 수 있는 사람이 줄었기 때문에 생겼다고 할 수 있습니다. 단카이 주니어 세대(1945년 종

전 직후 태어난 베이비붐 세대인 '단카이 세대'의 자녀들로 1970~1974년에 태어난 2차 베이비붐 세대를 일컫는다-옮긴이) 등이 전형적인 케이스입니다. 본래대로라면 부모로서, 혹은 상사로서 어른을 행해야 했을 많은 사람들이 거품 경기가 무너진 후 경쟁률이 극심한 의자 뺏기 게임에 져서 그 상태로 나이 들 수밖에 없었습니다.

어른 쟁탈전의 구도는 단카이 주니어 세대 이후에도 크게 바뀌지 않았습니다. 아이를 키우는 부모나 후배를 육성하는 선배들의 자리가 줄어들면 후배의 성장은커녕 애초에 아이도 태어나지 않게 되어버립니다.

어른의 자리가 줄어들수록 아이의 수는 줄어들고, 그에 따라 또 어른의 자리가 점점 줄어드는 악순환이 계속되면 이 나라는 곧 소멸되어버릴 겁니다. 게다가 자동화나 AI 기술에 의해 어른의 역할이 점점 필요 없어질 가능성도 있습니다.

극소수의 인간만이 어른을 실천할 수 있는 사회에 미래가 있을까요.

개인의 의지와 사회 구조 사이

이런 여러 요인이 겹쳐진 사회 속에서 우리는 각각 청년의 라이프스타일에서 살아갈 것인지, 아니면 어른을 시작해야 할지를 판단합니다. 사람은 자신의 의지로 원하는 것이나 가치관을 스스로 선택하고, 라이프스타일을 선택한다고 생각하고 싶어 합니다. 개인주의가 침투해 있는 현대 일본인의 경우는 특히 그렇죠.

그러나 이렇게까지 어른이 되기 어렵고, 청년에 머물기 쉬운 요인이 깃들어 있는 사회가 완성되어버리면 개인의 의지라기보다 사회 구조의 한일으로서 선택된다는 측면이 강하다고 볼 수밖에 없습니다.

20세기 후반부터 21세기 초에 걸쳐, 일본에서는 누구나가 청년을 유지하는 게 좋겠다는 사고방식이 남녀노소를 불문하고 퍼졌습니다. '일억총중류사회(대다수의 사람들이 스스로를 중산층이라고 생각하는 사회-옮긴이)'라고도 불렸던, 비교적 격차가 적고 대부분 가정의 자녀가 사춘기의 유예를 구가한 시대에서는 어른이 된다는 것은 진지하게 생각할 가치가 없는 것으로 여겨졌고, 지금도 동시대 사람들의 언행에서 그런 분위기를 느낄 수 있습니다.

그로부터 세월이 흘러 저출산 고령화가 진행되면서, 조금씩이지만 청년을 고집하지 않고 어른을 시작하는 것에 대해 생각하는 경향이 나타난 듯합니다. 2000년대 언론은 '초이와루오야지(성격 나쁜 아저씨)', '아라포(40대 여자)'라는 극단적인 문구도 포함해서 정말 청년 일색이었지만, 저출산 고령화가 너무 진행된 탓인지 극심할 정도의 청년 추종은 모습을 감추게 되었습니다.

젊은 세대의 감성도 바뀌고 있는 듯합니다. 이번 장 앞부분에서 중고생이 어른이 되고 싶어 하지 않는 조사 결과를 소개했지만, 최근에는 이와는 다른 조사 결과도 나오고 있습니다. 마이나비틴즈가 2015년 중고생 180명을 대상으로 실시한 '빨리 어른이 되고 싶은 순간이 있어?'라는 앙케트에서는 '네'의 비율이 65.6퍼센트로 '아니요'를 넘어섰습니다.

조사 방법과 대상에 다소 차이가 있더라도 현재의 10대는 어른이 되고 싶은 마음이 확실히 커지고 있습니다. 미디어의 형세가 달라진 배경에는 저출산 고령화가 심하게 진행된 것, 청년을 계속 유지하려던 세대 역시 나이가 많이 든 것, 청년인 채로 고리타분한 행동을 하는 중년의 모습이 좋지 않게 비쳤다는 것 등등을 꼽을 수 있겠죠.

그와 동시에 어른을 바라보는 10대의 인식이 바뀐 것은 출생과 성장에 의해 청년을 계속 유지할 수 있느냐의 여부도, 청년의 장점을 살릴 수 있느냐의 여부도, 커다란 격차가 존재하고 있음을 그들 스스로도 피부로 느끼게 되었기 때문일 겁니다. 어른을 실감하고 실천하려면 부모나 지도자라는 경쟁에서 이겨야만 손에 넣을 수 있음을 오늘날의 사람들은 발 빠르게 직시하고 있는 것입니다.

아랫세대들이 어른이 되는 걸 의식하고, 윗세대가 청년으로 눌러앉고 싶어 한다면, 이것은 비극일까요, 희극일까요. 그러나 여러분의 세대도 포함해서 어른의 위치에 이르지 못한 채 청년에 머물러 있는 사람들이 속출하는 것은 역시 비극이 아닐까요.

제3장

'어른 정체성'으로의
연착륙

삶에 필요한 최소한의 부분만 '업데이트'하고
그 이외에는 지금까지의 방식을 유지하고
살아가는 게 가장 편하고 효율적입니다.

제1장에서 언급했던 에릭슨의 발달단계설(33쪽 참조)에 의하면 사춘기, 즉 청년이라 불리는 시기의 성숙 과제는 '정체성의 확립'입니다. 이 '정체성'이라는 말의 의미를 제대로 이해하고 사용하는 사람은 의외로 적은 듯합니다.

대략적으로 설명하자면, 정체성이란 '이것이 나', '나는 이런 인간이다'라는 자신을 이미지화 할 때 없어서는 안 될 구성 요소를 가리킵니다. 예를 들어 '○○대학을 졸업해서 ××사에 입사하고, 직장 근처 테니스 동아리의 친구들과 친하게 지내며, 한때는 블랙배스 낚시나 등산을 좋아했던 남성'이 있다고 합시다.

만약 그가 출신 대학이나 직장, 테니스 동아리와 그곳의 친구, 낚시나 등산을 자신에게 없어서는 안 될 구성 요소라고 느끼고 있다면 모두 정체성의 일부입니다.

한편 니코니코동화(동영상 송수신 사이트 - 옮긴이)에서 보컬로이드의 동영상을 모두 숙지해야 한다고 느끼는 중학생이 몇 년 후에는 더 이상 니코니코동화에 관심을 두지 않는 경우도 상당히 흔한 일입니다. 중요하다고 생각했던 취미가 바뀌면 그 부분만큼 그 사람의 정체성도 바꾼다고 할 수 있습니다. 이는 인간관계나 일도 마찬가지로, 자신에게 불가결하다고 느끼는 대상이 바뀐다면 정체성도 바뀌는 것입니다.

청년 중에는 자신에게 없어서는 안 될 구성 요소, 즉 정체성이 시간이 흐르며 변화하는 경우가 많습니다.

어느덧 어른이라고 불려도 이상하지 않은 나이가 되면, 정체성은 간단히 바뀌지 않게 됩니다. 중년의 대부분은 30대까지 익혀온 취미를 즐기고 익숙한 음악을 듣고 오랜 친구와 만나는데 이런 현상을 정체성의 확립이라고 봐도 무방합니다. 변화가 적어진 중년은 '자아 찾기'에 에너지를 쏟아붓지 않게 됩니다.

정체성 확립의 반대는 정체성 확산입니다. '이것이 나', '나는 이런 인간이다'라고 생각하는 자신에게 필수적인 구성 요소가 무엇인지 모르겠고, 마음에 드는 것도 없으며, 일도 인간관계도 싹 바꿔버리고 싶다……고 생각하는 사람이 정체성 확산에 해당합니다.

이런 사람은 현재 자신의 구성 요소가 어느 것 하나 명확하지 않기 때문에 일이나 취미, 인간관계가 불안정하고 오래가지도 않습니다. 바쁘다는 이유로 자신에게 정말 필요한 것을 찾지 못하고 다른 세대에게 의식을 돌린다면 결과물을 내기가 어려울 겁니다.

하지만 정체성이 없다고 해서 꼭 나쁜 것만은 아닙니다. 정체성이 확립되지 않고 무엇이 필요한지 정해지지 않은 사람은 그만큼 가벼운 마음으로 취향이나 라이프스타일을 자유자재로 바꿀 수 있습니다.

유행이나 사회 정세에 맞춰 '이것이 나', '나는 이런 인간이다'의 방향성을 바꾸는 것도 정체성이 확립되어 있지 않은 상태라면 간단합니다. 반면 정체성이 확립되고, 필수 요소를 여럿 안고 있는 중년은 그리 쉽게 취향이나 라이프스타일을 바꿀 수 없습니다.

만약 여러분이 아직 아무도 되지 않았고, 자신에게 무엇이 필요한지 모르겠다면 누구든 될 수 있고, 그 바뀌는 속도는 윗세대에 대한 이점이 될 수 있습니다. 실제로 나이가 젊은 편이 정체성의 구성 요소를 유연하게 바꿀 수 있습니다.

이런 '자아 찾기'는 거품 경기부터 거품 붕괴 시기까지 꿈꾸기 쉬웠던 청년들의 이야기나 애처로운 전개의 자의식 등이 연상되어 나쁘게 들릴지도 모르겠습니다. 그러나 구성 요소를 선택할 여지가 있다는 것은 꽤 풍요롭다는 이야기가 아닐까요? 만약 지금 여러분이 자아 찾기를 하고 싶다거나, 해야만 하는 상황이라면 그것을 약점이라 생각하기보다는 장점이라고 생각하는 편이 건설적이겠죠.

다만 '이것이 나', '나는 이런 인간이다'라는 정체성이 확립되지 않았다면 이는 양날의 검처럼 결점을 동반하기도 합니다.

정체성이 확립되어 있지 않은 사람은 쉽게 자의식 과잉이 되고, 무엇이 자신에게 어울리는지, 무엇을 골라야 하는지를 지나치게 신경 쓰기 십상입니다. 그런 의식에 빠진 결과 '나는 대체 뭘까?', '나는 무엇을 위해 살아가는 걸까?'라는 정답 없는 고민에 빠지는 경우도 있습니다.

앞서 이야기했던, 무엇이든 된다는 이점은 아직 아무도 되지 않았다는 허탈함과 초조함의 세트라서 그 결점은 무시할 게 못 됩니다. 자신이 아무도 아니라는 자각은 자신감 상실로도 이어집니다. '이것이 나', '나는 이런 인간이다'라고 정해지지 않은 사람은 무언가 자신이 부정당했을 때 변호를 한다거나, 그 자리에서 버티며 싸우는 일이 쉽지 않습니다. 사실 버티며 싸워야 하는 상황에서도 뒷전으로 빠져버립니다.

다시 말해 정체성이 확립되어 있지 않은 사람들이 일반적으로 '부정적인 평가에 약하다'라고 할 수 있겠죠.

커리어가 나의 정체성까지 규정할 수 있을까?

20세기 후반의 심리학자, 정신과 의사들은 이런 정체성이 정해지지 않은 기간이 길어졌다고 지적하고 있습니다. 그 배경에는 청년의 커리어가 쉽사리 정해지지 않는 사회가 찾아왔기 때문입니다.

그 이전의 사회에도 정체성이 정해지지 않은 청년이 없었던 것은 아닙니다. 전쟁 전 사회에도 대학을 졸업해서 취직하지 못하고 빈둥거리던 '고등실업자'라 불리는 청년이 존재했는데, 오늘의 니트족(교육이나 훈련을 받지 않고 일은커녕 구직활동도 하지 않는 15~34세의 사람을 가리킨다-옮긴이)에 가깝습니다. 고도 경제 성장의 시기라면 '히피'나 '후텐족'(1960년대 도쿄, 신주쿠 역 구내에서 저녁때만 되면 잔디밭에 둘러앉아 지나가는 사람을 멍청히 쳐다보며 소리를 지르던 청년들-옮긴이) 등으로 불리던 청년들이 그것과 비슷하겠죠. 하지만 '고등실업자'가 된 사람은 여유 있는 집의 자녀에 한정되어 있었고, 히피나 후텐족만 해도 취업, 결혼을 기점으로 '자아 찾기'를 그만두는 것이 일반적이었습니다.

한편, 전쟁 후부터 시간이 지날수록 청년의 취학 기간이나 진로 선택의 기간은 길어져갔습니다. 고학력일수록 커리어의 확립 시기가 늦어지고, 일에 관한 정체성은 찾지 못한 채 말이죠.

종신고용제가 없어지고, 경력 향상을 위해 직장을 옮기는 사람도 많아졌기 때문에 천직, 또는 필생의 사업이라 불리는 일을 찾기란 어려워졌습니다. 요즘엔 공채로 들어간 회사를 '자아 찾기'의 종착역으로 받아들이는 사람은 별로 없죠.

앞서서 언급했듯이 청년의 이점은 빨리 바뀌기 때문에 유동적인 고용 상황은 청년의 편인 것처럼 보입니다. 그 대신 '이것이 나', '나는 이런 인간이다'와 세트로서 자기 필생의 사업이나 천직을 정하는 것도 쉽지 않게 되었습니다.

또 만혼화가 진행됨으로써 인생의 동반자나 가족을 찾는 것도 쉽지 않아졌습니다. 결혼율이 떨어지고 이혼이 증가한 시대이기 때문에 결혼도 '자아 찾기'의 종지부라 할 수 없습니다.

커리어 선택이라는 점에서는 '이것만 하면 정체성이 확립한다'라고 단정할 수 있는 생애주기의 변곡점이 보이지 않게 되었다는 것입니다. 모든 커리어가 불안한 지금, 정체성을 확립하기 위해서는 흐름대로 커리어를 갈아타는 것이 아니라, 자신과 뗄 수 없는 구성 요소가 될 만한 일이나 파트너를 자각하고 적극적으로 선택할 필요가 있습니다. 물론 일과 파트너를 선택할 때 100점 만점을 원해서는 끝이 없습니다. 타협 없는 완벽한 커리어를 찾기보다 80점의 일을 90점의 일로 바꾸거나, 80점의 나와 파트너를 90점의 커플로 만드는 등 커리어를 키우는 연구와 노력을 하는 것이 중요합니다. '그런 건 귀찮으니까 그냥 '자아 찾기'를 계속하는 것이 좋지 않을까?'라고 생각하는 사람이 있겠지만, 바람직하지 않습니다.

여러 번 밝혔듯이 인간은 생물로서도 사회학적 존재로서도 나이가 들고, 지금까지 살아온 시간, 역사의 축적에 의해 자신을 구성하는 핵심 요소가 결정됩니다. 비록 자유로이 '자아 찾기'를 하며 살아왔다고 해도 40대 이후에는 다른 삶을 선택하지 못하는 '불안한 중년'이 되는 경우가 흔한 것입니다.

모순처럼 들릴지도 모르지만, '아무도 아닌' 채로 나이가 들면 '아무도 되지 못한 중년'이라는 형태로 정체성이 굳어집니다.

취미나 과외 활동도 꾸준함이 필요하다

내가 어떤 사람인지 확립되지 않은 청소년 시기에 중요한 것이 커리어 이외의 취미나 과외 활동입니다. 대부분의 청년은 커리어와 관계없는 활동에도 열중합니다. 과외 활동이나 스포츠클럽, 소설이나 영화, 애니메이션, 테이블 게임이나 컴퓨터 게임…… 청년이 이런 활동에 빠져드는 첫 번째 이유는 '즐겁고', '보람을 느껴서'이지만, 정체성의 관점에서 봐도 충분히 이해할 수 있는 현상입니다.

여러분의 중학생 시절을 떠올려보세요. 진로가 불확실하고, 제2차 성징으로 신체가 급격하게 변화해가며, 정체성을 구성할 요소가 특히 부족할 시기입니다. 그래서 중학생은 정신적으로 동요하기 쉽고 자의식도 과잉되기 쉽습니다.

그러나 취미나 과외 활동을 유일하게 즐거운 것이라고 느끼는 학생이라면, 정체성 형성에 필요한 힌트를 얻을 수 있습니다. '농구부에서 열심히 하는 나', '문예 활동에 심취해 있는 나'처럼 명확한 중학생은 '나는 대체 뭘까?', '나는 무엇을 위해 살아가는 걸까?'라는 정답 없는 질문에 그다지 고민하지 않습니다. 취미나 과외 활동에 열중하고 있는 사람은 정체성이 확립되어 있지 않은 상황을 최소화할 수 있습니다.

대학 진학이나 취직할 무렵이 되면 중학생보다야 정신적으로 안정되어 있겠지만, 과외 활동과 취미의 중요성은 바뀌지 않습니다. 현대사회에서는 20대 때 커리어를 확립하는 것이 어렵기 때문에 과외 활동과 취미를 통해 하나뿐인 무언가를 찾는 것이 중요합니다.

또 20대 무렵에 열심히 했던 취미 활동은 오랜 인연이 될 가능성이 높고, 일이나 가정보다 한발 나아가 평생 이어가는 정체성의 구성 요소가 될지도 모릅니다. 이는 커리어를 확립하기 어려운 사람에게 중요합니다. 먼저 과외 활동과 취미 생활을 통해 정체성을 확립해두면 비록 커리어가 유동적인 상황이 이어지더라도 '나는 대체 뭘까?', '나는 무엇을 위해 살아가는 걸까?'라는 질문을 크게 고민하지 않아도 되기 때문입니다.

그렇다면 일이나 가정, 공부 등에서 정체성을 발견한 청년은 과외 활동과 취미 생활을 무시해도 상관없는가 하면 꼭 그렇지는 않습니다.

세상에는 젊을 때부터 일로 평판을 얻고, 일이야말로 내 정체성의 근본이라고 느끼는 사람도 있습니다. 학생인 경우는 공부가 정체성이라고 할 수 있겠죠. 젊을 때부터 일이나 공부를 할 수 있다는 것 자체는 바람직합니다. 그렇지만 '일을 할 수 있는 나'나 '공부를 할 수 있는 나'만을 정체성으로 삼고 있는 청년은 그것들이 무산되고 평판이 떨어져버리면 자신의 모든 것이 부정당했다고 느껴버립니다. 정체성의 구성 요소가 적은 청년은 그 적은 구성 요소에 질책을 당하면 멘탈이 깨지는 등 자신이 완전히 부정당하는 것과 동등한 정신적 타격을 받게 됩니다.

사실 일이나 공부가 정체성의 전부라는 청년은 비록 일이나 공부가 잘 풀린다고 해도 자만해서는 안 됩니다. 마음 어딘가에서 학업이나 일을 부정당한다면 자신이 의지할 곳이 완전히 부정되어버린다는 걸 알고 있기 때문에 채찍질하면서 불안하게 공부나 일을 계속하게 됩니다. 좋은 상태일 때도 쉽게 불안에 사로잡히고, 만약 나빠지면 정신적 타격을 받는 삶은 결코 바람직하지 않습니다.

하지만 정체성의 구성 요소를 과외 활동과 취미로 늘리는 청년은 학업이나 일이 불안해져도 꿈쩍도 하지 않습니다. 일이 두 배인 날이 있어도, 시험 점수가 나쁜 날이 있어도, 외적인 상황이 충실하다면 자신이 송두리째 부정당하는 일은 피할 수 있습니다. 과외 활동과 취미의 인간관계도 충실하고, 직장이나 학교의 인간관계도 동시에 할 수 있는 사람이라면 그렇게 간단하게 마음이 꺾이지 않을 겁니다.

그런데 취미나 과외 활동'만'으로 정체성을 규정하는 것도 위험한 일입니다. 앞서 이야기한 것처럼 일이나 공부 하나에만 목숨을 건 사람은, 좋은 성적을 거두지 못하면 자신이 완전히 부정당했다고 느끼기 쉽고, 정신위생mental health적으로는 바람직하다고 할 수 없습니다. 동아리 활동이나 취미밖에 모르는 사람도 마찬가지입니다. 예를 들어 '나에게는 ○○밖에 없어'라고 믿는 사람이 더 뛰어난 실력의 사람을 만나거나 자신의 실력이 저조해지면 정신적 타격을 받습니다. 취미 이외에도 즐기는 사람이나, 일 또는 공부에도 보람을 느끼는 사람에 비하면 쉽게 불안해지고, 마음을 다칠 수 있습니다.

지속 가능한 남녀 사이

서브컬처와 함께 청년들에게 정체성의 구성 요소로 자주 요구되는 것이 연애입니다. 제 경우 30대가 되고 나서야 겨우 실감했지만, 20대 이전의 연애에는 '이 파트너를 행복하게 해주고 싶다', '이 파트너와 행복해지고 싶다'라는 마음보다는 '그녀를 원한다', '연애하고 싶다'와 같은 욕구가 앞서기 쉽습니다.

지금까지 여러분의 연애에도 정체성의 구성 요소로서, 또는 '연인이 있는 자신', '사랑을 하고 있는 나'라는 마음이 앞서서 제 상대를 원했던 적은 없습니까?

'사귀는 상대의 행복'보다 '상대와 사귐으로써 얻는 신분'에 무게가 놓인 연애도 '사랑'이라 부를 수 있을지 모르겠습니다. 그러나 저는 그것을 '사랑'이라고 불러서는 안 된다고 생각합니다.

대다수의 사람은 20~30대 사이에 사랑과 연애의 차이를 알게 되고, 자신의 정체성을 위한 연애에서 파트너의 행복을 위한 연애나 서로의 행복을 위한 연애로 바뀌어갑니다. 10대 때 이 차이를 깨닫는 사람은 그다지 많지 않습니다. 세상에는 평생 이런 사랑과 연애의 차이를 모르는 채 나이 드는 사람도 있습니다.

사랑을 한 적이 있는 사람, 연인을 갖고 싶다고 갈망한 적이 있는 사람이라면 실감하겠지만, 연애를 하거나 연인이 있는 것은 그만큼 강력한 정체성의 구성 요소가 됩니다. '○○ 씨와 사귀고 있는 나', '○○ 씨가 사귀자고 한 자신'에 열중하는 사이에 자신의 존재감에 대해 고민할 이유가 없어집니다. 바람직한 파트너와 사귀고 있는 동안에는 자신도 뭔가 바람직해졌다는 느낌으로 채워질 것입니다. 정체성의 결핍을 느끼는 사람이 그 결핍을 채우기 위해 연애나 파트너 찾기에 열중하게 되는 감각은 대개 이런 느낌입니다.

그러나 연애 이외의 정체성이 제대로 확립되지 않으면 연애는 지속되지 않습니다. 자신도 파트너도 어리고, 직장, 생활, 친구, 취미가 점점 바뀌어가는 두 사람의 연애는 서로의 연애가 점점 더 어려워집니다.

예를 들어 대학 동아리에서 만나기 시작한 10대 커플은 처음에는 아무 문제없이 계속 만날 수 있을지 모르겠지만, 취직하고 이직을 반복하면서 공통의 취미를 그만둔다면 만남을 지속하기가 어려워질 겁니다. 진학, 취업, 이직에 따라 상황과 정체성의 구성 요소가 자주 바뀌는 사람과의 연애는 드라마 각본에서는 스릴이 넘치겠지만 현실에서는 그렇지 않습니다.

"그렇다면 차라리 결혼을 하는 게 좋지 않나요? 가족으로 관계를 정리해버리면 안정될 텐데요." 이렇게 주장하는 사람도 있습니다. 정체성의 구성 요소로 결혼이 확실히 연애보다 탄탄하고, 가정을 갖고 자녀를 사랑하는 사이에 '자아 찾기'를 신경 쓰지 않는 사람이 존재하는 것도 사실입니다.

하지만 나에 대한 이해나 만족감이 충분하지 않고, '자아 찾기'를 계속하고 싶어 하는 사람의 결혼이 도중에 공중 분해되는 경우를 저는 많이 봤습니다. '결혼하면 안정될 것'이라 기대하고 그대로 결혼을 추

진했지만 세상에는 중년이 되고 나서 바람을 피우거나 '자아 찾기'를 다시 시작하면서 가족을 팽개쳐버리는 사람도 있습니다. 제1장에서 소개한 B씨(27쪽 참조) 등도 그런 사람의 하나였을 겁니다.

연애나 결혼은 그 자체로 정체성을 규정하는 데 강한 요소이지만 그 이외 정체성의 구성 요소가 확립되어 있지 않다면 쉽게 불안정해집니다. 연애나 결혼만으로 청년에서 어른으로 전환할 수는 없다는 것이 정답일 겁니다.

기반이 탄탄한 중년의 탄생

연애에 대한 이야기는 6장에서 자세히 다루고, 여기서는 일이나 취미, 파트너가 정해진 이후의 정체성에 대해 이야기하겠습니다.

일과 취미, 파트너가 정해지면 정체성은 간단히 흔들리지 않겠지만, 그와 동시에 민첩함을 잃어버린 중년이 탄생합니다. 유행 음악에 둔감해지거나 새로운 장르도 그다지 개척하지 않는 중년이 완성된 것입니다.

변화하지 못하게 된 나, 무신경한 나, 유행에 둔감한 나, 그런 미래의 나를 긍정적으로 받아들일 수 있을까요?

이렇게 말하는 저도 20대 때는 그런 자신을 두려워하고 있었고, 30대가 되고 얼마간은 조금씩 무뎌져가는 자신과 싸우며, 민첩함을 유지해야만 한다고 생각했습니다.

20세기 중반 심리학계에서는 '앞으로의 시대는 영원히 사춘기를 유지하는 인간이 승자다!'라는 생각이 유행한 적이 있습니다. '세상은 점점 변하고 기술도 기하급수적으로 발전하기 때문에 계속 변화할 수 있는 인간이 강하다'와 같은 논리에 근거한 생각입니다.

그러나 영원히 청년을 유지하려고 하면 중년의 심신은 오래가지 않습니다. 제1장의 A씨(24쪽 참조)처럼 나가떨어지는 사람이 속출할 테죠. 청년이 청년으로 있을 수 있는 것은 경험이 적고 녹슬지 않은 팔팔한 신체를 갖고 있기 때문이기도 합니다. 현실의 중년은 조금씩 신체가 약해지기 시작하고, 정신적으로는 경험이나 경력, 추억이 빽빽이 새겨져 있습니다. 그런 중년이 10~20대를 흉내 내려고 하면 몸이 망가지거나 정신이 다치게 될 겁니다.

그 대신 중년이 되면 유행이나 새로운 것에 안테나를 세우고 있어야 한다는 의무감과 절박감에서 벗어날 수 있습니다. 회사나 집안일 등에 시간과 돈을 할애해도 아무렇지 않고, 또 만족감을 찾을 수 있게 됩니다.

청년으로 살아가기보다 삶에 필요한 최소한의 부분만 '업데이트'하

고 그 이외에는 지금까지의 방식을 유지하고 살아가는 게 가장 편하고
효율적입니다.

대학교수나 실업가분들을 보며 종종 생각한 것이지만, 업무의 최신
업데이트에 신경 쓰는 중년은 그 분야 이외에는 보수적인 경우가 많습
니다. 언제나 같은 모습으로, 매번 똑같은 노래를 부르는 아저씨나 아
주머니를 무시해서는 안 됩니다. 그들은 자신이 업데이트하는 범위를
좁힘으로써 정말로 업데이트해야 할 부분에만 힘을 쏟으며 직장생활
을 유지하고 가정을 뒷바라지하고 있는 것입니다.

이제 청년의 이점에서 눈을 돌려 중년인 나 자신을 수용하다 보면
'자아 찾기'에서도 해방되어, 정신적으로나 경제적으로도 효율적이고
안정된 일상을 누릴 수 있을 겁니다.

청춘과는 다른 형태의 행복

이런 이유로 10~20대 무렵에 세상의 끝처럼 비관하던 중년의 삶
은 상상 이상으로 쾌적해서, 정말 중요한 일에 주력하거나 가족의 행
복을 우선하는 데 청년보다 훨씬 적합합니다. 그 사실을 알려주는 정
보나 콘텐츠는 세상에 별로 없는데, 의외로 서브컬처에서 만날 수 있

었습니다.

그 콘텐츠는 〈클라나드〉(2004년에 발매한 연애 어드벤처 게임-옮긴이)입니다. 이 게임과 만난 2004년 당시에는 아직 애니메이션 게임의, 이른바 '2차원 캐릭터'를 강하게 비난하는 분위기였고, 정보 프로그램의 해설자는 '오타쿠가 좋아하는 콘텐츠는 유치하고 편향되었다'라고 비판을 해댔습니다. 원래 애니메이션이나 게임이 어린이를 대상으로 한 장르로서 출발한 걸 생각하면 유치하다고 보는 사람이 있어도 어쩔 수 없기는 합니다. 〈세일러 문〉이나 〈카드캡처 체리〉와 같은 여아용 콘텐츠에 빠지는 오타쿠의 취미는 잘 모르는 사람에게는 이상하게 비칠 테니까요.

〈클라나드〉 또한 그런 비판의 대상이 되는 콘텐츠였습니다. '큰 눈을 가진 여자아이가 많이 나오는 컴퓨터 게임'이라고 하면 상상할 수 있지 않을까요? 그런데 그 내용이나 스토리는 오타쿠를 대상으로 한 것치고는 이색적이었습니다.

〈클라나드〉의 주인공은 공부나 동아리 활동, 혹은 취미에도 별다른 소질이 없는 열등생입니다. 그런 그가 동급생이나 주위 선배들과의 교제 속에서 정체성을 확립하고, 미래의 반려자와 사귀게 됩니다. 여기까지가 전반부의 이야기이고, 고등학교를 졸업하고 나서 전기 기술자로서 일하기 시작해 결혼하고, 가족의 행복을 바라는 것이 후반부의 주요 줄거리입니다.

청년이 자기 정체성의 구성 요소를 찾아내면서 성장해가는 이야기나, 남자와 여자가 맺어지기까지를 그린 이야기는 대부분의 서브컬처에 있습니다. 그러나 청년의 성장 이야기 외에도 어른이 되어가는 우여곡절 부분을 크게 할애한 스토리는 오타쿠를 대상으로 한 콘텐츠로서는 거의 유일무이합니다.

〈클라나드〉에는 이야기 초반부터 여러 어른이 등장합니다. 아이의 미래를 걱정하면서 비행기 사고로 죽은 부모. 제자를 자기 자식처럼 사랑한 정년 교사. 주인공의 실수에 대해 '너한테 후배가 생겼을 때 그 녀석의 실패를 감싸줘, 그것이 너의 일이다'라고 말해주는 선배. 전반부의 주인공은 이런 대사 하나하나를, 하나의 청년으로 받아들여갑니다.

그런데 주인공이 결혼하고 아이를 낳고 나서부터는 이런 대사를 청년으로 받아들이지 않습니다. 후배를 챙기는 선배의 언행도, 아이를 위해 자신의 꿈과 사회적 지위를 버리고 살아가는 부모의 삶도, 더 이상 다른 사람의 일이 아닙니다.

〈클라나드〉후반부에서는 지금까지 청년의 시선에서는 보이지 않았던 어른의 언행이나 삶의 배경이, 주인공의 입장에서도 이해하고 공감할 수 있는 것으로 펼쳐집니다. 전반부에서 그려진 어른들은 이를 위한 복선의 존재였던 것이죠. 그 스토리라인 덕분에 저는 선배가 후배의 성장을 바라는 마음을 고귀한 것으로 바라볼 수 있었습니다. 언젠가 나도 어른이 되는 날이 온다면 환영해야겠다고 생각하면서요.

청년의 이점을 잃더라도 어른의 이점이 기다리고 있고, 청년과는 다른 형태의 행복이 존재한다는 것을, 저는 이 불균형의 콘텐츠에서 배웠습니다. 그리고 어른을 향해 한 걸음 내딛는 것조차 조심스러울 때 앞으로 무슨 일이 일어날지, 어떤 것을 바라며 살아가면 좋을지 상기시켜준 것도 〈클라나드〉였습니다.

정체성이 확립할 때까지의 성장 이야기가 아닌, 청년에서 어른으로 바뀌는 부분까지 긍정적으로 이야기하는 콘텐츠가 세상에 더 있어도 좋지 않을까…… 〈클라나드〉를 넘어선 〈클라나드〉와 같은 이야기가 서브컬처로 탄생했으면 하고 저는 지금도 바라고 있습니다.

지방의 '마일드 양키'가 어른을 시작하기 쉬운 이유

〈클라나드〉의 주인공은 고졸의 전기 기술자였습니다. 등장인물의 대부분이 그 지역에 취직하고, 개인의 꿈보다 가족의 행복에 초점을 맞추는 것을 보고 있으면, 도시의 고학력인 오타쿠보다 지방이나 교외 지역을 지향하는 청년(요즘 마케팅 용어로는 '마일드 양키'라고 부르는)이 감정 이입을 하는 데 최적화된 콘텐츠처럼 보입니다. 〈클라나드〉를 지지한 오타쿠들은 의외로 마일드 양키에 가까운 존재였는지도 모릅니다.

〈클라나드〉에서 그려진 지방의 고등학교나 전문학교, 고등 전문학교를 졸업한 사람들은 어른을 시작하는 시기가 빠른 편입니다. 첫 번째 이유는, 그들의 정체성을 결정하는 요소가 비교적 빠른 단계에서 갖춰지기 때문입니다. 고등학교나 전문학교를 나와 현지에 취직하는 그들은 쉽게 삶의 방향이 정해지고, 굳이 향후 변화의 가능성에 대해 생각할 이유가 없습니다. 도시의 대학에 진학하는 사람들보다 훨씬 빨리 취직하고, 경력 향상을 위해 이직하고 싶어 하는 사람도 별로 없습니다. 또 고향을 사랑하고, 떠날 수 없다고 말하는 그들에게 '고향'이라는 정체성은 고정적이고 확고합니다.

이런 이유도 있어서 '자아 찾기'를 지속하는 사람이 적고, 결혼도 일찍 하며, 육아도 대부분 빠른 시기에 시작합니다. 이를 뒷받침하듯 후생노동성(우리나라의 보건복지부, 식품의약품 안전청, 그리고 노동부 등의 업무를 처리하는 기관-옮긴이)의 인구 동태 통계를 보면 여성의 초혼 연령은 도쿄 근교와 교토, 오사카 같은 대도시보다 지방이 빠른데, 같은 지방이라도 도청 소재지보다 농어촌 쪽이 더 빠릅니다.

다시 말해 시골의 마일드 양키가 청년을 끝내고 어른을 시작하는 시기가 빠르고, 중년의 행동을 익히는 시기도 빠른 것입니다. 도쿄로 나가 도쿄에서 취직한 사람이 고향에 내려갔을 때 고향 친구들의 눈에 찌들어 보이는 것은 이 때문이겠죠.

그에 비해 고학력, 또 대도시권에서 근무하는 사람은 어른을 시작하는 시기가 늦습니다. 취직하는 시기가 늦고, 취직한다고 해도 경력 향상을 의식하면 일도 안정되지 않습니다. 또한 인생의 선택지가 끊임없이 나타난다면 그 방향성은 간단히 정할 수 없습니다. 결혼도 늦고, 했다고 해도 이혼율은 지방보다 높기 때문에 정체성의 구성 요소로서는 약한 편입니다.

게다가 본가가 부자라면 일을 서둘러 안정시킬 필요가 없고, 본가에서 지원해주는 돈으로 '자아 찾기'를 무한정 미룰 수 있습니다. 대학도 다시 들어갈 수 있고, 졸업한 후에도 서두를 필요가 없습니다. 물론 '자아 찾기'를 길게 이어갈 수 있는 것은 혜택을 받은 것이지만, 너무 길게 '자아 찾기'를 하는 것도 생각해볼 일이겠죠. '자아 찾기'의 계절도, 청년의 계절도 끝이 있어야만, 애틋한 것이지 영원히 이어지는 '자아 찾기'는 끝없는 방학과 마찬가지로 저주처럼 생각됩니다.

도시의 삶을 살아가는 사람이 마일드 양키의 삶을 얕잡아보는 경우를 마주할 때도 있지만, 어른을 시작한다는 시점이나 정체성을 확립한다는 시점에서 보면 후자의 라이프코스life course(생애에 걸친 인간의 발달을 시대 환경이나 역사적 사건에 견주어 파악하는 연구법-옮긴이)로도 살펴볼 만한 것이 있을 겁니다. 청년을 일찌감치 끝내고 어른을 시작하는 이들이, 반려자나 가족을 위해서 살아가는 기쁨에 일찍 눈뜨고, 그만큼 많은 시간과 에너지를 들일 수 있으니까요.

허공이 아닌 땅 위에 단단하게 세운 꿈

언젠가(라기보다 어느 사이엔가) '이것이 나', '나는 이런 인간이다'를 형성하는 시기에도 끝이 찾아옵니다.

그것은 경력 향상의 한계라는 형태로 찾아올지도 모르고, 결혼 적령기를 어느새 지났다는 형태로 찾아올지도 모릅니다. 일이나 인맥의 굴레, 오랜 기간 축적된 역사나 개인적인 사정일지도 모릅니다. 어쨌든 아무것도 갖추지 않고 청년인 척하고 살아온 사람에게는 불의의 습격 같은 형태로 중년의 인생이 떠오릅니다.

청년을 끝내는 시기가 다소 늦어지더라도 괜찮습니다. 그렇지만 어른을 시작하는 준비도 마음도 갖추지 못하고, 모든 게 어중간한 상태를 유지하다가 어느새 정신을 차리고 보면 중년이 된 이후일 겁니다. 어른이 시작되는 제한 시간을 자각하지 못한 채 청년을 계속 유지하려다가 불안정한 어른으로 한발 한발 나아가고, 그것이 그대로 자신의 정체성이 되어버리는 것도 하나의 인생입니다.

그러나 아직 청년인 여러분에게는 어른으로 내딛는 한 발짝을 좀 더 자각적으로, 용의주도하게 하겠다는 각오가 있을 겁니다. 가능한 한 준비를 한 뒤에 어른이라는 다음 단계를 맞이했으면 합니다.

제4장

상사나 선배를
바라볼 때

인간은 자신이 존경하는 사람에게 많은 것을
배울 수 있습니다. '복사'의 정확도도 높고,
또 복사하는 걸 상대방이 안다고 해도
절대 싫어하지 않을 것입니다.

여러분은 어른들과 대화하는 걸 좋아하나요? 저는 어렸을 때부터 가까운 어른들과 대화할 기회가 많았던 탓인지, 어른들의 이야기를 듣는 걸 좋아했습니다. 정신과 의사가 되고 나서도 저보다 연배가 높은 대선배가 옛날이야기를 반복해서 해줄 때도 꽤 기뻐하며 듣기도 했습니다. 직업상 고령의 환자분들이 인생에 대한 통찰을 가르쳐준 적도 자주 있었고요.

그들은 제가 겪은 적이 없는 옛날이야기를 들려주었고, 저와는 다른 시대나 가치관 속에서 살아온 기억을 가르쳐주었습니다. 제1장에서 저는 어른의 요건이 '세대나 입장이 다른 사람에게 그 차이를 바탕으로 대하는 것'이라고 했지만, 상사나 선배의 이야기를 듣다 보면 정말 나와 세대도 입장도 다르고 가치관도 다르다는 걸 알 수 있습니다.

그래서 연장자인 사람들과 대화하고, 다른 세대의 입장과 가치관에 대해 알아두면 그것만으로 어른을 시작하는 재료가 됩니다. 무엇보다 동세대와의 만남에서는 얻을 수 없는 힌트를 얻을 수 있습니다.

연장자는 생물학적인 나이나 사회적인 역할 면에서도 앞서가기 때문에, 미래를 먼저 걸어가는 사람이라고 할 수 있습니다. 예를 들어 나와 같은 직종의 선배한테서 이야기를 들으면 신체나 건강에 대해 어떤 인식을 하고 있는지, 그들의 위치에 오르면 어떤 심경이 될지 추정하는 단서를 얻을 수 있을 겁니다.

물론 살고 있는 시대도 가치관도 다르기 때문에 곧이곧대로 자신에게 적용할 수는 없습니다. 때로는 그들의 이야기가 고리타분하거나 같은 이야기를 몇 번이나 반복해서 지겨울 수도 있습니다. 그중에는 그런 중년은 절대로 되지 않겠다며 혐오감을 느끼는 사람도 있을 겁니다.

하지만 그런 부정적인 부분도 포함하여, 연장자와의 의사소통은 마음만 먹으면 미래의 상황과 고민을 추측하는 귀중한 정보원이 될 수 있습니다. 보다 오랜 시대를, 보다 길게 살아온 그들을, 앞으로 내가 살아가기 위한 정보원으로 '활용'하려면 어떻게 해야 할까요. 제4장에서는 이런 주제를 중심으로 이야기하려고 합니다.

잔소리하는 중년의 진심

아마 누구나 한 번은 들어본 적이 있을 텐데, 상사나 선배는 종종 '한 살이라도 어릴 때 공부해둬', '젊었을 때 놀아둬'라고 말합니다. 청년들에게 '젊을 때 ○○해둬'라는 말은 쓸데없는 참견으로 들릴지 모르겠습니다. 여러분은 여러분 나름대로 청년으로서 매일을 바쁘고 열심히 살고 있으니까요. 그 점을 헤아리지 않고 이래라저래라 하며 잔소리를 하는 중년이 성가시다고 생각할 수도 있을 겁니다.

물론 '젊을 때 ○○해둬'라는 설교에는 단순히 여러분의 장래를 생각해서 조언하는 부분도 있습니다. 그러나 그들의 말속에는 그들이 청년이었을 때 선택하고 축적해온 경험을 바탕으로 살아갈 수밖에 없는, 젊었을 때 하지 못했던 아쉬움을 어쩌지 못하고 살아가는 것에 대한 한탄이 포함되어 있습니다.

청년이 열심히 살고 있는 것과는 다른 형태로 중년 또한 매일 열심히 살고 있습니다. 청년은 정체성 확립도 포함해서 성장과 미래를 위해 꿋꿋이 살아가야만 하지만, 중년은 지금까지 만들어온 것의 결과로서 현재를 살아가야만 합니다.

예를 들어 중년은 결혼했다면 결혼한 것으로, 하지 않았다면 하지 않은 것으로, 자신이 과거에 만들어온 현재에서 벗어날 수 없습니다. 물론 기혼자에게는 이혼이라는 방법도 있지만, 이혼을 했다고 해도 과거에 결혼해서 이혼했다는 이력은 계속 남습니다.

일도 마찬가지입니다. 어느 정도 책임 있는 위치가 되고, 연봉이 오르고, 후배들을 지도하게 되면 그것들을 간단히 놓아버릴 수 없습니다. 역시 책임질 수 없는 입장이라 할지라도 책임을 질 수 없는 중년으로의 인생을 간단히 놓을 수 없습니다. 수십 년의 세월 속에서 타인들의 평가도, 자신이 품고 있는 '자화상'도 대부분 완성되어 있기 때문입니다. 어쨌든 과거가 쌓여 완성된 결과인 현재에 의해, 중년의 인생은 대체로 결정되어 있는 것입니다.

청년은 아직 선택의 결과도, 신분도 고정되어 있지 않습니다. 활력도 있으니 중년과 비교하면 인생을 바꿀 여지가 훨씬 많죠. 중년은 그걸 통감하고 있기 때문에 아직 미래를 선택할 자유가 있는 청년을 보면 '젊을 때 ○○해둬'라고 말하고 싶어지는 겁니다. 청년의 풍부한 가능성을 보면 수긍하고 싶어지는 한편, 그가 쌓아온 자신의 경험에 옴짝달싹 못하게 된 중년의 처지를 불평하고 싶어지는 것이 아닐까요.

하지만 그런 조언을 빙자한 불평 속에는 자신이 젊었을 때 해두지 않아 고생한 것이나, 반대로 도움이 되었던 것과 같은 다양한 인생 경험이 녹아 있습니다. 그런 경험에서 뽑아낸 핵심을 읽어낼 수 있다면 분명히 미래에 도움이 될 것입니다.

그들의 불평이 정말 도움이 될 만한 것인지, 상사나 선배의 불평이 자신의 미래에 참고가 될 만한 것인지, 판단하는 것이 중요합니다.

만약 여러분 주변에 '이 사람의 이야기는 어쩐지 피와 살이 될 것 같아', '미래의 나는 이렇게 되었으면 좋겠다'라고 생각하는 상사나 선배가 있습니까? 그런 사람은 당신이 젊었을 때 경험하면 좋은 것을 알고 있든지, 이미 경험을 마쳤을 가능성이 높습니다. 그 사람의 옛날이야기나 '젊었을 때 ○○해두는 게 좋다'는 당신의 가까운 미래를 찾는 단서가 될지도 모릅니다. 적어도 그렇게 읽힐 여지가 있습니다.

사생활면에서 자신의 미래가 겹쳐지는 사람을 발견한다면 꼼꼼히 살펴봅시다. 식생활, 친구관계, 부부나 연인, 그리고 무엇을 좋아하고 무엇을 싫어하는지 주의 깊게 관찰해서 참고합니다. 따라 할 수 있는 부분은 모방하고, 그들이 직면한 문제를 보며 사전에 손을 쓸 수 있다면 씨두는 겁니다. 당신이 젊은 만큼 사전에 대책을 세우기 위한 시간은 충분합니다.

마찬가지로 자신이 걸어갈 것 같은 경력을 쌓고 있는 상사나 선배가 있다면, 그 사람의 업무 스킬을 기민하게 배우거나, 상사와 부하 사이의 커뮤니케이션이 어떤가를 봐두는 겁니다.

만약 그 사람이 요통이나 어깨 결림으로 고생하고 있다면 직업병으로서 미래의 나에게도 찾아올 가능성이 높다고 예상해야 합니다. 상사나 선배를 그냥 남처럼 바라보는 것이 아니라, 미래의 나와 공통점을 상상하면서 관찰하고, 이야기를 들을 기회가 된다면 가능한 한 들어보는 겁니다. 그러면 여러분이 그 위치에 서게 되었을 무렵, 미래 정보가 잔뜩 들어올 겁니다.

이와 같은 '거울 전략'을 활용하는 포인트는 존경할 만한 상사나 선배를 선택할 수 있느냐입니다. 인간은 자신이 존경하지 않는 사람보다 존경하는 사람에게 많은 것을 배울 수 있습니다. '복사'의 정확도도 높고, 또 복사하는 걸 상대방이 안다고 해도 절대 싫어하지 않을 것입니다. 자신에게 존경심을 갖고 배우려고 하는 걸 기분 나빠하는 사람은 없을 테니까요.

그래서 당신이 타인을 경멸하기 쉬운 인물이냐, 아니면 타인에게 존경심을 표하는 인물이냐에 따라 '거울 전략'의 성공 확률은 크게 좌우될 것입니다. 남의 단점보다 장점에 먼저 눈길이 가는 사람이 롤모델을 쉽게 찾고, 또 미래의 자신에게 도움이 되는 정보나 교훈을 쉽게 배웁니다.

세상은 항상 변하고 있기 때문에 상사나 선배라고 해서 뭐든 따라 해서는 안 됩니다. 나이나 직업을 둘러싼 보편적인 부분은 도움이 될 가능성이 높겠지만, 시대나 기술, 유행에 따라 변화하는 부분을 따라 하게 되면 곧 시대에 뒤처질 것입니다. 적용해도 되는 부분과, 그렇지 않은 부분은 가릴 필요가 있습니다.

　그러나 그런 구분이 가능하다면 직업과 라이프스타일, 성격의 유사성으로 롤모델을 삼을 만한 상사와 선배는 미래를 내다보기 위한 정보의 보고입니다. 그들의 살아가는 태도, 생태, 평소의 불평 등에서 미래에 참고가 될 만한 정보를 뽑아봅시다.

반면교사의 이용 방법

　사람마다 라이프스타일이 다르고, 가치관도 언행도 다양합니다. 그중에는 '저런 사람은 절대로 되고 싶지 않다'고 느끼는 상사나 선배도 있을 겁니다. 그런 사람이라도 반감을 사지 않도록 주의하면서 계속 관찰합니다. 그리고 어떤 방식으로든 그 라이프스타일과 같은 노선을 택하지 않는 방법을 생각합니다.

　'왜 저런 중년이 되어버린 걸까요. 어떤 인생을 걸어야 저런 안타까운 삶을 살 수 있는 거죠.' 그렇게 생각하면서 계속 귀를 기울이고 눈여겨보면 다양한 정보가 잇따라 손에 들어옵니다. 안타까운 삶을 사는 상사와 선배가 그런 라이프스타일과 언행을 계속하는 배경에는, 그만한 이유와 사정이 있습니다. 중년의 삶에 '우연이 겹쳐서 그런 라이프스타일과 처세술이 완성되었다'는 경우는 없습니다. 확실한 인과관계까지는 아니더라도 어떤 라이프스타일과 언행이 지속되었기에, 그것이 이어지는 성립 기반이나 배경이 존재하는 것이라고 읽어야 합니다.

그렇다고는 해도 그런 '해석'을 끌어내기란 어려운 일입니다. 그렇다면 우선 반면교사가 되는 상사나 선배와 같은 언행을 피하고 그들의 가치관, 언행의 공통점을 가능한 한 줄여보는 것은 어떨까요. 반면교사와의 공통점을 줄여나가면 그만큼 닮는 리스크도 줄어들 것입니다. 특히 몇 살밖에 차이 나지 않고, 성별도 직업도 같은 반면교사의 경우는 공통점을 줄여나가는 것만으로도, 몇 년 후에는 꽤 다른 미래가 찾아올 테니까요.

그때 주의해야 할 점이 무엇인지 생각하고 적어둡니다. 그런데 누군가를 반면교사로서 싫어한다고 할 때, 어딘가 나와 비슷한 점이 있어서 초조함을 느끼고 '저렇게는 되고 싶지 않아'라고 생각하는 것은 아닐까요.

그 경우는 단순히 반면교사를 싫어한다는 것만이 아니라, 자신 안에 잠재되어 있는 마음에 들지 않거나 용납할 수 없는 요소를 눈앞의 상사나 선배에게 투영해서 생생히 느낀다는 측면을 내포하고 있을 가능성이 있습니다. 또는 동성의 부모를 싫어하는 마음과 다른 상사나 선배를 반면교사로 삼고 싶은 마음이 연결되어 있는 경우는 눈앞에 있는 선배의 문제라기보다 부모와의 관계가 반영되어 있는 것뿐인지도 모릅니다.

이 '반면교사 문제'를 정신분석학적으로 본다면 '누군가를 반면교사로 간주하는' 강한 마음 중 얼마만큼이 상대를 단순히 싫어하는 마음이고, 얼마만큼이 자기 안쪽에 숨은 혐오감이 투영된 것인지를 판단해야만 합니다. 그렇다고는 해서 쉽게 가늠할 수 있는 것도 아니고, 제3자가 지적한다고 해서 간단히 인정할 수 있는 것도 아닙니다.

왜 이런 복잡한 이야기를 하느냐 하면, 반면교사를 싫어하는 것 이상으로 내 안에 잠재되어 있는 무언가를 싫어하는 경우라면 반면교사와의 공통점을 줄이는 것만으로는 해결되지 않기 때문입니다. 반면교사를 싫어할수록 자신의 싫은 점을 점점 더 싫어하게 됩니다. 그러면 내 안에 잠재되어 있는 싫은 점을 좋아하게 되기는커녕 최소한의 타협도 어려울 정도로 싫어하게 되고, 결국 마음의 과제로 남게 됩니다.

'나의 모든 걸 좋아하지 않아도 돼'라는 사람도 있을 테고, 그것도 그 나름의 사고방식이긴 합니다. 그 대신 자신의 싫은 점을 타인에게 투영하고, 자신의 싫은 점을 외면하고 살아간다면, 자기 인식의 맹점이 완성되어버립니다. 그렇게 되면 자신의 약점이나 콤플렉스를 자각하기는커녕 고치지도 못하는, 풍요로운 인생에 커다란 걸림돌이 되는 결점을 짊어지게 됩니다. 또 이런 맹점은 인간 관찰에 익숙한 제3자는 쉽게 간파하기 때문에 악의를 가진 상대에게 치명적 허점으로 이용될 우려도 있으니 주의하시기 바랍니다.

중년의 진짜 외모에 익숙해지자

젊었을 때와 비교해 유행에 둔감하고 패션에 신경 쓰지 않는 중년들을 많이 볼 수 있습니다. 디지털 장치나 SNS의 유행도, TV에서 소개될 정도의 유행의 끝자락을 따라하며 그걸 가치 있게 여깁니다. 식당에서 나오는 물수건으로 얼굴을 닦는 중년도 있습니다. 그런 중년의 행동을 속으로 경멸하는 사람도 많을 겁니다. 단, 이것은 청년의 시점에서 중년을 바라봤을 때 그렇다는 이야기이고, 중년의 시점에서 청년을 바라보면 정반대의 시점도 성립합니다. 다시 말해 청년은 유행에 대해 항상 안테나를 세우고 패션에도 신경 써야 하니까 힘들겠구나, 라는 시점입니다.

3장에서 언급한 대로 청년은 아직 정체성이 확립된 상태가 아니라서, 자신에게 가장 맞는 '이것이 나', '나는 이런 인간이다'를 찾아야만 합니다. 그 때문에 안테나를 높이 세울 필요가 있고, 자신의 선택이 타인에게 어떻게 비치는가를 신경 써야만 하는 겁니다. 복장, 어플, 콘텐츠, 몸짓 등 뭐든 그렇습니다.

'시대가 바뀌면서 유행이 옛날만큼 확실하지 않다'라고 말하는 사람도 있지만, 아이폰이나 인스타그램이 유행할 때를 떠올려보세요. 유행의 대상은 크게 달라졌을지도 모르지만, 유행에 기민하게 신경 쓰는 청년의 성질 자체는 바뀌지 않았습니다. 하지만 항상 민감하게 신경 쓰며 살아가는 건 힘든 일이죠.

최신 유행을 좇기 위해서는 시간적으로도 체력적으로도 비용이 듭니다. 예를 들어 패션 트렌드를 좇아가려면 옷가게를 돌아다닌다거나 길거리 사람들의 옷차림에도 관심을 갖고 지켜보는 등 다양한 노력을 해야 합니다. 물론 옷이나 구두, 액세서리를 사 모으는 데는 돈도 들고, 요즘이라면 SNS나 인터넷 쇼핑에도 눈을 번득이지 않으면 안 됩니다.

유행하는 음악이나 영화 등도 마찬가지입니다. 새로운 것, 유행하고 있는 것, 앞으로 유행할 것을 파악하면 할수록 안테나를 높이 세우기 위한 시간적, 체력적, 경제적 비용은 높아집니다. 유행의 최첨단을 걷고 싶은 사람은 곳곳의 영역에서 그 비용을 지불해야만 합니다. 유행을 좇는 사이에 녹초가 되어버리거나 학업 또는 일에 지장을 초래하게 될지도 모릅니다.

대조적으로 중년은 정체성이 확립되어 있기 때문에, 자신에게 가장 어울리고 좋은 것을 알고 있습니다. 새삼스럽게 '자아 찾기'를 할 필요도 없고, 할 여지도 없습니다. 지금의 나를 패션이나 장비를 변경하듯 교체할 수 없습니다. 이제 와 새로운 분야에 뛰어들어봤자 새로운 자신을 발견할 수도 없습니다. 굳이 2G 휴대폰을 바꿀 필요도 없다는 이야기입니다.

친구 관계나 배우자 같은 인간관계에 얽힌 정체성도 대부분 완성되었으니 무리할 필요가 없습니다. 자의식도 '훌륭한 인간이고 싶다', '더 인기 있는 사람이 되고 싶다' 같은 환상은 오래전에 사라진 상태이니 마찬가지입니다.

보다 나은 정체성을 찾고 있는 인간에게 최적인 삶과, 이미 정체성이 완성되어버린 인간에게 최적인 삶은 똑같지 않습니다. 이런 인식이 청년을 끝내고 어른이 되어갈 때의 마음가짐으로 가장 중요한 포인트입니다.

바로 앞에서 '반면교사의 언행은 피하자'라고 권하기는 했지만, 반면교사로 간주되는 중년의 행동 중에는 청년일 때에는 옳지 않다고 생각했던 것들이 어른이 되고 나서는 달라지는 경우가 꽤 섞여 있습니다. 여러분이 청년을 보내는 데 정신이 팔렸을 때는 그런 중년을 마음껏 싫어해도 상관없겠지만, 어른을 시작하는 나이가 되고 나서는 중년의 행동을 천편일률적으로 혐오하기보다 중년들이 왜 그런 행동을 하는 것인지, 그 배경이나 합리성에 대해 생각해보는 것이 좋겠습니다.

그리고 어른의 범주에 들어갔다는 실감이 드는 사이에 청년 시대에 혐오했던 행동을 받아들이게 됩니다. 중년이 되었다면 타인의 시선이나 자신의 자의식에 대해 더 이상 민감하게 반응하지 않아도 되는 것입니다. 무리하게 청년을 미루기보다 과감하게 손바닥 뒤집듯 바꿔버리는 것이 편안하게 살 수 있는 길입니다. 청년의 괴로움에서 내려오는 것은 중년의 위대한 구원입니다.

세상은 40세를 '불혹'이라고 부릅니다. 저는 젊었을 때 '불혹不惑'은 '미혹되지 않는다'라고 생각했는데, 정작 마흔이 되고 나서 '미혹하지 않는' 쪽이 더 가깝다는 걸 알게 되었습니다.

선택의 결과로 축적된 라이프스타일이 확고해져 쉬이 바꿀 수 없게 된 겁니다. 이는 오랜 세월에 걸쳐 확립해온 나의 정체성이기도 합니다.

만약 억지로 바꾸려고 하면 '새로운 자아'를 찾는다기보다 그동안 구축해온 자신의 정체성이 무너져버려 '모든 걸 잃어버린 중년'이 된다는 위기의식이 싹트게 됩니다.

그래서 저는 이제 망설이지 않습니다. 제가 인생을 선택하는 계절은 끝나고, 앞으로는 ~~선택한 결과나 라이프스타일의 연장선상으로서의~~ ~~인생을 살아가야만 합니다.~~ 물론 지금의 저는 그렇게 살아도 상관없다고 생각합니다. 제가 걸어가는 인생의 레일은 어느 시기까지는 부모님이 이끌어준 것일지 모르지만, 사춘기 이후의 삶은 내가 정하고 직접 깔아온 결과의 산물이기 때문에 무리하게 탈선할 필요도 없고 해서도 안 됩니다. 자신이 깔아온 인생의 레일에서 탈선해버리면 그동안의 선택이 상당 부분 무의미해지고, 지금까지 축적해온 이점을 포기하게 될 수도 있습니다. 지금까지 구축한 인간관계나 가족관계에도 영향을 미치겠죠.

그래서 삶의 궤도를 수정한다고 해도 청년의 급격한 변화 형태가 아니라, 그동안 축적된 라이프스타일과 정체성을 침범하지 않는 범위 내에서 조금씩 레일의 방향을 바꾸어가는 형태가 될 겁니다. 이 나이에 인생도 정체성도 무너져버리는 상황은 맞고 싶지 않으니까요.

더구나 라이프스타일도 인간관계도 제대로 구축하지 못한 채 불혹을 맞이한 경우에도 마찬가지입니다. 그 경우에는 '라이프스타일도 인간관계도 구축하지 못한 불혹의 아저씨'가 완성되어버립니다. 아무것도 없이 중년이 되어버리면 '아무것도 없는 중년'이 탄생하므로 주의가 필요합니다.

여러분도 머지않아 '불혹'을 맞이하는 날이 올 겁니다. 중년이 되어도 본인보다 더 나이가 많은 사람한테서 배운다거나 반면교사를 교훈으로 삼을 수 있는 점은 바뀌지 않지만, 청년과 비교해서 오래 살아온 만큼 인생의 '여백'은 줄어들 겁니다. 최근에는 노화 억제의 기술 발전이 거론되고 있긴 하지만, 라이프스타일의 완성과 인간관계, 가족관계가 완성되는 '사회적 노화'의 부분까지는 억제할 수 없습니다.

이런 사회적 노화를 '늙은이'라고 말하는 사람도 있지만, 저는 그것이야말로 어른만의 '성숙'이라고 믿고 있습니다. 오래 살아온 만큼 개성이 담긴 인생의 레일이 깔리고, 그것은 설령 궤도의 수정이 어렵다고 해도 나쁜 일이 아닙니다.

'불혹'이 지나 청년 때만큼 가볍게 바뀌지 않거나 바꿀 수 없게 되었다면, 그것은 다시 말해 '지금까지 인생에서 선택하고 축적된 결과물의 집대성'입니다. 도망칠 곳이 없음을 한탄하지 않고 '도망칠 필요가 없다', '여기에 있는 내가 나다', '이로써 살아가자'라고 생각한다면 여러분의 '불혹'은 바람직한 방향으로 나아가고 있는 겁니다.

여러분의 눈에 비친 중년들 중에서 흔들림 없이 인생을 걸어가는 사람이 있다면, 그 사람은 단지 그것만으로 훌륭한 사람이라고 봐도 무방합니다. 물론 객관적으로 보면 결코 장밋빛 인생이라고 할 수 없는 삶을 살아가는 중년도 있을 것이고, 과거의 선택을 후회하면서 살아가는 중년도 있을 겁니다. 그래도 그 사람들이 나이를 먹은 걸 과하게 한

탄하는 것이 아니라, 지금까지 축적된 결과물의 집대성으로서 있는 그
대로의 자신을 안고 살아가며, 그런 자신을 부정하거나 비하하지 않는
다면 역시 그 중년은 잘 살아가고 있는 것이 아닐까요.

인생의 결과를 끌어안고 살아가는 사람들

40대가 된 저는 청년 때처럼 자신을 바꾸지 못하고, 지금까지 축적
된 선택과 결과를 짊어진 채 살아가야만 하고, 그것이 '나'라고 느끼게
되었습니다. 50대, 60대, 70대가 되면 삶의 여백은 적어지고, 인생의
궤도를 수정하는 정도도 적어질 겁니다. 그럴 때 대담하게 갈지, 아니
면 신중하게 갈지는 아직 정하지 못했지만, 어쨌든 지금까지 축적된 선
택과 그 결과물을 지금 이상으로 마주하면서 살아가리라 예상하고 있
습니다.

그런 시점에서 인생의 대선배들을 바라보며, 그들이 짊어지고 있는
역사의 길이와 반복의 크기를 생각하면 아찔할 수밖에 없습니다. 오래
산 사람들은 오래 살아온 만큼의 역사와 굴레를 끌어온 것이겠죠. 청
년이었을 때는 부모나 사회의 탓이라며 자신의 불우함에 대해 책임을
전가했을지 모르지만, 인생은 자신의 선택에 따라 완성된 것이라는 자

각을 갖고 있는 한 변명으로 발뺌할 여지는 없습니다.

그들에게는 남은 시간이 없습니다. 두 바퀴 정도 연상의 상사나 선배를 바라보면 알겠지만, 그들의 신체는 조금씩 약해지고 있고, 인생의 궤도를 수정하기 위한 시간이나 활력도 점점 줄어들고 있습니다. 만약 그들이 자신들이 깔아온 인생의 레일에서 벗어나고 싶어도, 살짝 수정하는 정도가 고작입니다.

자신이 선택한 역사와 마주해야 하며 매일을 살아갑니다. 성공한 사람, 부자인 사람만이 아니라 다시 일어날 수 없을 정도로 실패한 사람, 가난한 사람도 대부분 그렇게 살고 있습니다. 속마음이야 어떨지 몰라도 적어도 겉으로 보기에는 인생의 선배들 대다수는 자신의 인생을 제대로 바라보며 착실히 살아가고 있는 것입니다.

그런데 존경을 받는 '훌륭한' 선배보다, 혐오와 멸시를 받으며 살아가는 '쓸모없는' 선배가 훨씬 놀라운 존재인지도 모릅니다. '쓸모없는' 선배도 혐오와 멸시를 받는 삶을 특별히 좋아해서 선택한 것은 아닙니다. 가능하면 존경을 받으며 살고 싶지, 혐오와 멸시를 받고 싶지는 않았을 테니까요. 그래도 그들은 자신을 내던지지 않고 계속 살아가고 있습니다. 여러분은 여기에서 무서움을 느끼지 않습니까? 저는 솔직히 말해 대단하다고 느낍니다. '쓸모없는' 선배들이 살아가고, 살아갈 수밖에 없는 사실에서 배워야 할 것은 적지 않을 겁니다.

제가 청년이었을 때는 오랜 시간을 들여 완성한 인생을 받아들이고 살아간다는 것만으로도 고귀한 것이라는 인식이 부족했습니다. '뭐든지 가능하고, 무엇이든 될 수 있는' 가능성을 지닌 청년이나 누구에게나 존경을 받는 '노인'만이 대단한 존재라고 믿었던 것입니다.

그러나 청년이 끝나고 어른이 시작되면서 그동안 축적한 역사의 결과에서 벗어날 수 없다고 느끼게 된 후부터는 오랜 시간 쌓아온 선택과 그 역사를 받아들이고 있는 어른은 모두 대단하다고 여기게 되었습니다. 이와 더불어 사회와 사람을 바라보는 시각이 많이 달라졌습니다.

분명 여러분도, 나이가 들면 이런 사실을 깨닫는 날이 올 것입니다. 물론 깨달았다고 해서 연장자의 언행이 덜 지루해질 일은 없겠죠. 그래도 지금을 살아가고 있는 그들에게 존경심이 생기고 그들의 삶이 다르게 보이는 데 놀랄 것입니다.

제5장

후배나 부하를
대할 때

나의 과거와 미래는 '보살핌'에 의해 이어지고 있다고
할 수 있습니다. 그것은 이제 인생의 반환점을 지난
40대인 제게 커다란 구원이 되어주었습니다.

제5장에서는 부하, 후배와 같은 아랫사람을 대하는 방법에 대해서 알아보겠습니다. 아직 청년이니까 그런 건 생각하지 않아도 괜찮다고 생각하는 사람이 있겠지만, 세상에는 여러분보다 나이 많은 사람이 있는 것과 같은 이치로 어린 사람도 존재합니다. 그렇게 머지않은 미래에 청년을 한 사람의 어른으로 마주하는 날이 찾아올 겁니다. 이미 여러분에게 후배가 있다면, 아랫사람을 어른으로 대해야 하는 상황이 이미 시작됐다고 봐야 합니다.

제4장에서 중년들이 흔히 하는 설교로 '젊을 때 ○○해둬'라고 언급했는데, 상사나 선배가 부하나 후배에게 쓸데없는 걸 말하고 싶어지는 상황은 이것 말고도 다양합니다. 예를 들어 어린 친구가 새로운 장비를 만지고 있거나, 나도 모르는 유행을 선점하고 있을 때 복잡한 감정을 품은 적이 없습니까?

어린 사람들 사이에서 인기 있는 음악이나 만화를 '쓸데없다'라고 단언하거나, 최신 유행 패션에 초조함을 느낀 것은 여러분도 경험한 적이 있을 겁니다. 중학생이 되면 초등학생의 유행이 유치하게 보이고, 고등학생이 되면 중학생의 유행이 중이병으로 보이는 것을 생각하면 그 연장선상의 느낌으로 틀림없습니다.

그러나 그런 감각으로 중년이 된다면 새로운 것을 아무것도 받아들이지 못하는 늙은이가 될 테고, 청년들은 틀림없이 진부하고 완고한 노인이라고 간주할 겁니다. 초등학생이나 중학생과는 달리 일정 연령을 맞이한 청년은 어느 정도의 판단력과 행동력, 생기 있는 감성을 갖고 있습니다. 경험이 아직 적고, 지식도 충분하지 않아 조잡할지도 모르겠지만, 정체성이 정해지지 않았다는 탓도 있어서 중년이나 노인보다 빠르고 기민하게 대처할 수 있습니다. 그런 이유로 세상에 새로운 바람을 불게 하는 것은 대개 청년입니다.

그럼에도 부하나 후배의 말을 가볍게 흘리고, 청년의 이점에 질투와 초조함을 느낀 나머지 그들에게 등을 돌려버리면 많은 것을 잃게 됩니다. 어른들을 만날 때 주의할 점이 있는 것과 마찬가지로, 나보다 어린 사람을 만날 때도 주의할 점이 많습니다. 어린 사람을 '새로운 걸 좋아하는 어리석은 놈'이라고 꾸짖는 것과 '새로운 것을 가져다줄 가능성'이라고 바라보는 것은 얻는 점도 배울 점도 크게 달라지고, 부하나 후배와의 관계성도 달라집니다.

어른이 되어가는 여러분이 청년에게 할 수 있는 일은 무엇일까요.

제4장에서 어른의 관찰을 통해 미래를 대비하는 방법에 대해서 다루었지만, 그렇다는 것은 여러분 역시 어린 사람들의 관찰 대상 또는 참고가 되거나, 반면교사가 될 수도 있습니다.

여러분은 어린 사람들에게 어떻게 관찰되고, 어떻게 평가되고 있을까요? 누군가를 롤모델로 삼는 것도 간단하지는 않지만, 누군가의 롤모델이 된다거나 무언가 가르침을 주는 것 또한 어려운 일입니다.

예전에는 단지 나이나 경험이 많다는 이유만으로도, 최소한의 존경은 받을 수 있었습니다. 어른을 존경하는 유교적 사고방식이 강했던 것도 있지만, 무엇보다 어른의 지식이나 경험이 다음 세대의 일과 생활에도 큰 영향을 끼칠 수밖에 없었기 때문입니다. 예를 들어 농업이나 어업 분야에서는 지식과 경험이 정점에 이른 고령의 베테랑이 오랜 세월에 걸쳐 벼려온 기술을 구사하고 활약할 수 있었습니다. 관련 전문서나 인터넷도 없었던 시대에는 그런 지식과 경험이 그해 수확량부터 직업적 생명선까지 직결되어 있었습니다. 또 '할머니의 지혜 주머니'라는 말이 상징하는 것처럼 노인의 오랜 지식은 소중히 여겨졌습니다.

그러나 지금 도시나 교외에서 살아가는 사람들이 노인의 지식과 경험을 바라는 분야는 거의 존재하지 않습니다. 세상 일 대부분이 서비

스업이나 정보 산업으로 바뀌고, 정보 기술이 급속히 발달하고 나서는 젊은 시절에 축적된 지식이나 노하우가 몇 년만 지나도 시대에 뒤처져 버리는 겁니다. 어플은커녕 컴퓨터도 사용하지 않는, 시대착오적 지식 밖에 없는 어른을 청년들이 어떻게 바라보고 있는지는 미루어 짐작해야 합니다.

지식이 많은 것 자체에 예전만큼의 값어치는 없어졌습니다. 정보가 범람하고, 신구의 모든 텍스트가 위키피디아와 아마존에 갖춰져 있고, 논문조차 온라인으로 읽는 사회에서는 지식과 경험이 많다고 해서 그 지식에 경의를 표할 리 없습니다. 게다가 여러분이 지식이나 함축을 선보인다고 해도 인터넷에서 간단히 검색할 수 있는 정보라면 아무도 경의를 표하지 않을 겁니다.

타인이 나에게 경의를 표할 것이라 기대하는 것은 어렵지만, 나보다 어린 사람이라면 더더욱 어렵습니다. 세상이 바뀌어 지식과 경험이 경의를 표하는 요인으로 약해진 사회에서는 미래의 청년이 미래의 여러분에게 존경심을 가질 가능성은 극히 적다고 할 수 있습니다. 그래도 존경받을 만한 어른이 되고 싶다면 미래의 자신이 어린 사람에게 해줄 수 있는 것은 무엇인지 생각해야 합니다.

여러분이 40세, 50세가 되었을 때 청년에게 무엇을 해줄 수 있겠습니까? 이 질문을 종종 생각하는 것과 아예 생각하지 않는 것은 인생도 그렇고 어른이 되고 나서 선택의 결과도 달라질 겁니다. 너무 많은 정보는 제공하지 않아야 한다고 느끼는 사람은 '청년들에게 폐가 되어서는 안 된다'라고 결론을 내려도 전혀 상관없습니다. 그 또한 하나의 어른의 실천이고, 그 정도가 최선의 방안이라고 생각하는 사람도 있습니다. 청년의 성장과 활동을 방해하는 사람보다 훨씬 어른스럽고, 청년들 또한 그 점을 제대로 직시하고 있을 테니까요.

물론 어린 사람을 의식하는 건 귀찮고 힘들다고 생각하는 사람도 있습니다. 사실 그것은 부정할 수 없는 사실이고, 동세대와 소통할 때는 신경 쓰지 않아도 되는 걸 신경 쓰거나, 예상 밖의 엇갈림에 당황하기도 할 겁니다. 그래도 상사와 선배로서 아랫사람을 마주할 때는 가능한 범위에서 배려해야 합니다. 이것이 어른의 실천이고, 그런 실천이 수반되지 않는다면 어른으로 설 자리가 없기 때문입니다.

접점을 갖고 바라봐야 한다

아랫사람을 배려하고자 마음먹었다면 가장 먼저 필요한 것은 나와 다른 세대가 확실히 존재하고, 사고방식도 경험의 축적도 과거의 나와는 다르다는 것을 명심하는 것입니다. 예를 들어 중년과 노년 세대에게

'요즘 젊은 것들은'이라는 말은 입버릇과 같습니다. 그러나 어린 사람들과 제대로 말한 적도 없으면서 그렇게 말한다면 오해나 선입견에 따른 꼬리표를 붙인 것뿐입니다.

어른들이 '요즘 청년은 책을 읽지 않아', '활기가 없어', '대화가 잘 안 돼'라고 한탄하는 걸 누구나가 들었을 겁니다. 경제계의 위대한 사람 중에는 청년과의 접점도 없으면서 그런 말을 하는 경우가 있는데, 그들에게 혐오감을 느낀다면 그들처럼 되지 말아야 합니다. 그러기 위해서는 나보다 어린 사람과 대화를 하거나 취미와 일을 공유할 필요가 있습니다.

어째서 요즘 청년은 책을 읽지 않고, 활기가 없으며, 대화가 잘되지 않는 것처럼 보이는 걸까⋯⋯. 청년의 실태와 사정에 대해 알고 나면 수긍할 만한 배경이 보일 겁니다. 인터넷이나 SNS를 많이 쓰는 탓일 수도 있고, 단순히 세대 간 의사소통에 실패해서일 수도 있습니다. 옛날 청년에게는 필수였던 활동이 지금은 필요 없고, 대신 다른 활동에 시간과 에너지를 할애해야 하는 탓일지도 모릅니다. 그런 배경을 알려면 실제로 어린 사람과 접점을 갖고, 그들이 놓인 상황과 라이프스타일을 이해하는 힌트를 찾아야 합니다.

이것은 상대가 어린 사람일 때에만 해당하는 이야기가 아닙니다. 요즘 중년과 노인을 '꼰대'라고 규정짓는 청년들도 제대로 접점을 갖고 실제로 어떤지 살펴볼 필요가 있습니다. 하지만 2장에서 이야기한 것처럼 현대사회에는 어른과 아이가 접점을 가질 기회가 별로 없습니다. 단지 기다리기만 해서야 접점을 가질 수 없겠죠.

20세기 이후 청년이 적극적으로 어른과 접점을 갖겠다고 하는 경우도 드물고, 직장에서조차 부하와 후배는 상사와 선배를 어려워합니다. 여러분만 해도 어른과 의견을 나누고 싶고 상사와 가까워지고 싶다고 생각하는 사람의 비율은 상당히 적으리라 봅니다.

그걸 감안하면 10년 후의 여러분이 현재 여러분 정도 나이의 어린 사람과의 접점으로 이해관계를 갖는 것도 필시 어려울 겁니다. 그런 접점을 가질 수 있다면 정말 귀중한 기회입니다. 그런 기회를 소중히 여기고 겸허한 마음으로 만나는 겁니다.

청년이 지나갔다고 해서 아쉬워할 필요도 없습니다. 다만 어린 사람은 종종 나이 많은 사람들이 으스대며 내려다본다고 생각합니다(이 책을 쓴 저도 여러분에게 그렇게 보일지 모릅니다). 너무 굽실대는 것도 생각해볼 일지만, '당신과 만나게 되어 기쁩니다', '여러분에 대해 좀 더 알고 싶습니다'라는 의식을 갖지 않으면 어린 사람과의 접점은 쉽게 가질 수 없습니다.

그렇지 않아도 인간은 나이가 많다는 이유로 경험 차에서 오는 교만에 빠지기 쉽습니다. 교만은 대체로 잘못된 결과를 부르니 주의해야 합니다.

청년의 미래는 아직 정해지지 않았다

인간은 나이가 어리면 어릴수록 급격히 변화합니다. 예를 들어 26
세의 청년은 아직 한창 성장할 시기이고, 정체성도 계속 변화합니다.
그렇지만 그보다 열 살 어린 16세의 고등학생이나 스무 살 어린 6세
아이는 그 이상의 속도로 성장합니다.

경험도 적은 어린아이는 무시무시한 스피드로 성장해가지만, 성
인이라면 누구나 당연히 할 수 있는 것을 익히는 것이라 특이하다고
생각하는 사람은 거의 없습니다. 그러나 성장 속도가 느리다고 해도,
20~30대 청년의 성장은 중년이나 노인을 놀라게 하고 때로는 위협마
저 느끼게 합니다.

제 주변에 있는 레지던트나 젊은 간호사, 아니면 블로거나 서브컬
처 애호가 등이 바로 그렇겠지만, '남자를 사흘 동안 보지 못하면 눈을
비비고 보라'라는 말처럼 폭발적으로 성장하는 모습을 직접 마주할 수
있습니다.

이번 장 앞부분에서 언급한, 어른들이 젊은 사람들의 유행이나 활동

에 대해 갖는 복잡한 감정 중에는 청년이 급격히 성장하여 나를 따라 잡고 앞지를 것이라는 위기감, 나의 시대가 지나가고 다음 세대의 시대로 바뀌는 것에 대한 초조함, 생소한 기술이나 사상을 익힐 것이라는 의구심 등이 포함되어 있습니다.

아직 청년이라면 상상하기 힘들겠지만, 어린아이가 청년이 되고 어른이 된 미래의 당신을 바짝 뒤쫓을 날이 언젠가 찾아옵니다. 그러니까 여러분이 어른이 되었을 때 경험과 지식이 적다는 이유로 청년을 무시하면 언젠가 그 대가를 치르게 됩니다. 경험이 축적된 미래의 당신과 비교하면 아직 미완성인 청년은 종합적으로 부족할 수밖에 없습니다. 그러나 대부분은 엄청난 속도로 바짝 쫓아오고 있으며 그중에는 추월하는 사람도 나올 겁니다. 게다가 그들의 지식이나 노하우는 여러분의 것보다 최신 버전입니다.

정체성이 확립되지 않은 청년은 전체적으로 불안정하고 참을성도 부족하지만, 시대의 바람을 읽고 신기술이나 신기능을 배우는 것은 어른보다 뛰어납니다. 필연적으로 젊은 사람에게 가르침을 청해야만 하는 경우도 생길 겁니다. 그러니 어리다고 해서 가벼이 봐서는 큰코다칩니다.

여러분이 중년이 되면 현재는 어린아이에 지나지 않았던 사람들이 얕볼 수 없는 청년으로 자라 있을 겁니다. 그들의 가능성은 현재의 여러분과 마찬가지로 반드시 커지겠죠. 자신이 어른이라 불리는 위치가 되었을 때 어떻게 청년과 만날 수 있을까, 그걸 위한 노하우가 축적되어 있는지의 여부가 미래를 위한 자그마한 과제가 됩니다.

다음 세대를 길러내는 보람

청년의 성장에 놀라는 한편, 그들이 지금의 나보다 뒤의 시대를 살아간다는 걸 피부로 느끼게 되면 같은 시간, 같은 비용을 들였을 때 성장 가능성은 젊은 사람 쪽이 훨씬 높습니다. 그렇다면 자신의 성장에 맞추기보다 후진을 육성하는 것이 조직이나 사회 전체적으로 봤을 때 효율적이고, 새로운 노하우도 축적하기 쉽다는 사실을 깨닫게 됩니다.

아직 정체성이 확립되지 않았고, 자신이 성장하기에도 바쁜 사람이 다른 사람을 우선시하고, 게다가 그 사람들에게 시간이나 비용을 들이는 게 큰 이익이라고 생각할 리 없습니다. 청년에게 그것은 자살과도 같은 사고입니다. 그러나 청년이 끝나면 성장도 일단락되고 정체성도 대체로 확립되어, 인생의 목적지가 윤곽을 드러냈다면 이야기는 달라집니다.

어른으로서의 행동을 기대하고 나이에 걸맞은 책임을 맡게 되면,

자신의 성장이나 변화 가능성을 이전만큼 의식할 수 없게 됩니다. 물론 그런 행동이나 책임을 받아들이는 사이에도 계속 성장해가지만, 어른이 되고 나서의 성장이란 레일의 연장선상의 성장입니다. 다시 말해 100이 120으로, 또는 150이 200이 되어가는 성장입니다. 청년에게 흔히 있음직한 0이 100이 된다거나, 갑자기 돌연변이를 일으켜 X로 바뀌거나 하는 폭발적인 성장이 아니라, 그동안 축적한 결과입니다. 폭발적인 성장 가능성을 지닌 어린 청년과 지금까지 축적한 결과의 연장선인 어른의 성장 가능성이, 완전히 다른 차원이라는 걸 알 수밖에 없기 때문입니다.

그런데 그걸 깨달은 중년은 어떻게 할까요? 그래도 그중에는 자신의 성장 가능성만을 좇고 싶은 사람, 그럴 수밖에 없는 상황의 사람도 있습니다. 예를 들어 7장에서 다룰 아티스트 같은 사람들은 무조건 성장하고 변화해야만 할지도 모릅니다. 1장에서 소개한 B씨(27쪽 참조)처럼 무리한 노선 변경으로 고생하는 사람도 있고, 청년을 제물로 삼아 살아가는 중년도 있습니다.

그러나 대부분의 중년은 자신의 성장에 목매기보다 청년의 성장을 돕고 싶어 하는 마음이 강합니다. 제1장에서 에릭슨의 '성숙의 과제'에 대해 소개했지만, 그의 모델에 따르면 중년기의 과제는 '보살핌'입니다. 보살핌에는 후진을 양성하고, 사회를 위한 활동도 포함됩니다. 바꿔 말하면 자신의 성장에 열중하는 청년의 심경에서 자신 이외에도 눈을 돌리는 데 무게를 둔 심경으로 바뀌어나갈 수 있는지가, 중년이 되고 나서의 삶의 보람과 인생의 모습을 좌우한다고 할 수 있습니다.

내가 계속 살아갈 이유

성장의 한계와 방향성을 인지하고, 나이에 걸맞은 행동과 책임을 맡아야 하며 보살피기까지 해야 하는 중년의 상황은 어쩌면 매우 힘든 것처럼 보일 수도 있습니다. 하지만 1장에서 이야기했듯이 사실 그렇지 않습니다.

정작 어른이 되고 나면 자신의 성장에 모든 것을 걸지 않고 성장에 의인하지 않아도 된다는 사실이 꽤 편했습니다. 나이에 걸맞은 행동과 책임을 져야 하는 괴로움도, 오히려 그것들을 '받아들인다'는 자부심이 나를 살아 있게 하는 이유, 내가 살아가야 하는 근거가 되어주었고, 그 덕분에 더 이상 방황하지 않아도 되었습니다. 그리고 아이와 후배를 보살피는 걸 통해 자신이 성장하는 기쁨과 다른, 하지만 충분한 보답을 느낄 수 있었습니다.

다시 말해 청년일 때는 우울한 것, 짐으로밖에 보지 않았던 덕분에 어른이 되고 나서의 나는 살기 쉽다고 느끼게 되었습니다. 이 감각은 육아를 할 때 특히 중요합니다. 육아란 '자신의 성장을 어느 정도 희생해서라도, 아이의 성장에 시간과 돈을 들여 부모라는 위치와 책임을 받아들여 보살피는 것'이기 때문입니다.

아이가 생기고 나서도 청년의 생활을 유지하고 싶은 사람에게 육아란 꽤 큰 부담입니다. 사실 자신의 성장에 심혈을 기울이고 싶은데, 아이라는 미숙한 존재에 시간과 에너지를 쏟도록 강요받아서는 정신적으로도 청년을 지속할 수 없습니다.

그런데 어른의 경우는 육아를 완전히 다른 형태로 체감합니다. 나보다 훨씬 빠른 속도로 성장하는 이를 뒷받침하는 것은 삶의 커다란 보람이 되고, 육아에 따르는 책임은 방황을 끝내고 살아가야 할 근거를 줍니다. 중년의 발달 과제인 보살핌은 청년의 심경인 사람에게는 엄청난 고통과 절망을 주지만, 어른의 심경이 되면 새로운 기쁨과 삶의 보람으로 전환하는 것이라고 달리 말할 수 있습니다.

이 심경의 전환을 끝내고, 어른의 위치에 도달한 사람에게 중년이 되고 나서의 삶은 나쁘지 않습니다. 오히려 인생의 경험과 체력적 균형을 갖춘 이 시기를 보람차게 보낼 수 있습니다. 그러나 중년인데도 청년의 위치에 머무른다면 성장은 정체되어가고, 상실에 빠진 시기를 보낼 수밖에 없습니다.

이런 느낌은 청년일 때 매우 알기 쉬운 감각입니다. 한창 성장할 시기라 아무도 되지 않았고, 책임과 의무에 시간을 들이는 것도 아닌데다 지켜야 할 것도 없는 상황에서는 의심을 한다 해도 이상하지 않습니다.

그래서 보살핌을 자각할 때는 아무래도 뛰어넘어야 하는 일종의 비약이 있습니다. 제 경우는 그 비약을 뛰어넘는 데 정신과 의사의 경험과 심리 발달을 공부한 것이 얼마간 도움이 되었습니다. 언젠가 청년의 심경이 끝나고 어른으로 바뀔 거라는 것, 그 변화에는 시간제한이 따르고, 보살핌의 자각 여부로 어른을 받아들이고 나서의 인생 경험이 미묘하게 달라진다는 걸 적어도 머릿속으로는 알고 있었기 때문입니다.

물론 결혼과 아이의 탄생으로 촉진된 부분도 큽니다. 이 사람 때문에 살아가자, 살아가야만 한다고 생각하는 만남과 인연이 없었다면, 저는 보살핌에 눈뜨지 못했을 겁니다. 게다가 다행스럽게도 제 주변에는 이미 자녀를 낳고 양육을 시작한 선배와 친구들이 있었습니다.

제2장에서 이야기한 것처럼 현대사회에는 어른으로 전환하는 데 도움이 되는 만남과 인연을 찾기가 어렵습니다. 오히려 계속 청년으로 머물고 싶어지는 구조로 이루어져 있습니다. 그럼에도 청년에서 어른으로의 도약은 나 혼자서는 이룰 수 없는 것입니다. 만약 당신이 '누군가로 인해 살고 싶다'거나 '살아가야 한다'라고 느끼게 된 만남이 있었다

면, 그 행운을 소중히 하시길 바랍니다. 사람은 혼자서는 보살핌을 자각하기 어렵고, 그런 이유로 중년이 되고 나서의 어른이 아니고는 새로운 기쁨의 경지도 깨닫기 어려우니까요.

저는 보살핌에 눈뜨고 나서 세상을 보는 법, 특히 젊은 사람들을 바라보는 눈이 크게 달라졌습니다. 나보다 어리고, 경험도 적은 사람은 그만큼 지식도 부족하고 실패도 합니다. 그런 경험이 부족한 사람의 실수와 실패에 대해서 예전만큼 탓하지 않게 되었습니다. 불평하고 싶어지는 마음보다 '그는 지금 내가 걸어온 길을 걷는 중이야'라는 의식이 앞서서, 도울 수 있다면 도와야 한다는 생각이 들었습니다. 물론 이런 감각이 너무 강해지면 '잔소리꾼'이 되어버리니 스스로 경계해야 합니다.

다른 집 아이를 바라보는 눈도 바뀌었습니다. 전철이나 버스 안에서 우는 아이의 목소리도, 공원에서 뛰어노는 아이의 모습도, 예전에는 단순한 거리의 소음이었지만 지금은 그렇지 않습니다. 친밀감이나 생명력을 느끼게 되어 기쁜 감정이 먼저 듭니다. 아이가 떠드는 소리가 들리는 거리는, 조용한 거리보다 훨씬 생동감이 넘칩니다. 아이들이 자라나는 기운이 주위에서 느껴지기 때문입니다.

또 후배들의 행동을 보며 과거 자신의 경험을 떠올리기도 합니다. 예를 들어 레지던트가 까다로운 환자에게 휘둘려 고생하고 있는 것을 보면, 비슷한 문제로 고민했던 제 경험도 다시 떠오릅니다.

아이와 마주하고 있을 때에도 같은 간접 경험을 하게 됩니다. 한밤중에 혼자서 복도를 걷는 일이, 몇 살 때까지 무서웠을까요. 어른은 물론이고, 중학생의 시선에서도 하찮아 보이는 놀이에 열중하는 것은 몇 살 때까지였을까요. 그런 자신이 어렸을 때 경험하고, 진지하게 마주한 것을 아이들이 재현하는 걸 보고 있으면 어린 시절이나, 당시 아버지나 어머니의 행동이 머릿속에 되살아납니다.

인간은 평생 경험을 반복하고 성장해갑니다. 계속 성장하기 때문에 성장하기 전의 자신으로는 결코 돌아갈 수 없습니다. 그러나 아이를 보살필 때는 다르기는 해도 과거의 성장을 다시 겪을 수 있는 것입니다.

어느덧 어린 레지던트는 훌륭한 의사로 성장하고, 혼자선 밤의 복도를 걷지 못했던 아이는 밤길을 혼자 걷는 것이 태연해져갑니다.

누군가를 보살피는 과정을 통해 머나먼 과거를 돌이켜보고, 앞으로 성장해가는 후배의 미래도 전망할 수 있습니다. 그리고 나이 들어 결국에는 은퇴한다고 해도 다음 세대에게 바통을 물려줄 수 있음을 확인하고, 지금 하고 있는 일이 의미 있음을 실감하는 겁니다.

나의 과거와 미래는 보살핌에 의해 이어지고 있다고 할 수 있습니다. 그것은 이제 인생의 반환점을 지난 40대인 제게 커다란 구원이 되어주었습니다.

인터넷 속어인 '흑역사'에 대한 시각도 크게 바뀌었습니다. 인터넷상에는 아무래도 청년밖에 할 수 없는 흑역사를 현재진행형으로 생성하는 사람이 정기적으로 나타납니다. 아직 아무런 실적이 없는데도 자신들을 최고의 크리에이터라고 떵떵거린다거나 어설픈 지식을 내세워 어른에게 시비를 걸다가 도리어 당하는…… 여러분도 그런 청년 계정을 본 적이 있을 겁니다.

예전에 싸움과 악플이 끊이지 않는 인터넷 커뮤니티에 소속되어 있을 때 그런 계정을 발견하고는 동료와 함께 악플들을 처음부터 끝까지 읽으며 즐겼습니다. 그런데 지금은 그런 마음보다 지켜보고 응원하고 싶은 마음이 커지게 되었습니다. 위법한 짓이나 위험이 따르는 행위는 역시 반대하지만, 고양감을 뽐내면서 흑역사를 열심히 만들어내는 청년의 계정은 응원하는 한편 무탈하길 빌어줍니다.

안타깝게도 그들은 흑역사를 현재진행형으로 만들고 있지만, 얼마 지나지 않아 부끄러움으로 가득 찬 계정을 삭제하고 싶어질 겁니다. 그러나 그것은 바꿔 말하면 그가 지금도 계속 성장하고 있다는 증거이기도 합니다. 예를 들어 현재의 당신이 보면, 중학생이었던 당신의 행동 중에는 부끄러운 것이 많았을 겁니다. 그러나 중학생 시절을 유치하고 부끄럽다고 생각하는 것은 여러분 자신이 많은 경험을 쌓았고 계속 성장했기 때문입니다. 만약 당신이 영원히 중학생이라면 아무리 시간이 흘러도 중학생 때의 자신을 부끄럽다고는 생각하지 않을 겁니다.

'계속 성장하는 한 흑역사는 계속 생성된다'라고 말할 수 있습니다. 저 또한 지금까지 써온 블로그 기사나 서적을 보면 머리를 싸매고 싶어지는 부끄러운 내용이 많이 있습니다. 이 책도 지나친 의욕으로 쓰고 있으니, 10년 후의 제가 읽으면 분명히 기절하고 싶어질 겁니다.

그러나 흑역사가 많고, 현재도 계속 만들어내고 있다는 자각이 있다면, 타인의 흑역사에 대해서도 너그러워지지 않을까요. 세상에는 타인의 흑역사를 무시하는 한편, 자신의 흑역사에도 민감한 사람이 있습니다. 그런 사람은 나중에 돌아봤을 때 부끄러운 실패는 없겠지만, '실패하고 싶지 않다', '실패할 수 없어'라는 생각에 사로잡혀 성장의 기회를 놓치게 됩니다. 만약 여러분이 타인과 자신의 흑역사에 대해 민감하고 엄격한 사람이라면, 부디 타인의 흑역사에도, 나아가서는 젊은 탓에 저지르는 자신의 잘못에 대해서도 조금은 아량을 베풀기를 바랍니다.

자신의 과오에 너그러워지면 타인의 과오에도 너그러워지고, 그 반대 또한 마찬가지입니다. 그래서 저는 '내 흑역사를 보고 용서한다'를 기조로 살아가려고 합니다. 그 편이 청년의 성장은 물론 어른이 된 후의 성장에도 큰 몫을 할 테니까요.

제6장

청년의 연애,
어른의 결혼

바람직한 부부는 어른으로 연결되는, 사랑하는
사람을 위해 살아가는 가치관을 갖고 있습니다.

어른의 연애와 청년의 연애에 차이가 있을까요. 엄밀히 말하면 '사람마다 다르다'라고 대답할 수밖에 없습니다. 어른이라 불려야 하는 나이, 그야말로 40~50대가 되었음에도 추악한 연애사건이 적나라하게 드러나는 사람, 경험과 재력을 이용해 청년을 먹어치우는 데 여념이 없는 사람이 많이 있기 때문입니다.

'자유연애'라는 말처럼 현대사회에서 성인의 연애나 결혼의 형태는 사람마다 다릅니다. 법률을 어기지 않는 한, 몇 살의 인간이 어떤 연애를 하든 '저 사람의 연애는 유치하다', '그 결혼은 조급했어'라고 타인의 면전에 대고 말할 이유는 없습니다. 그러나 남들이 아무 말도 하지 않는다고 해서 문제가 없느냐 하면 그렇지 않습니다. 상식을 벗어난 연애나 무모한 결혼은 종종 사회에 적응하는 데 어렵게 만들고, 나이나 입장에 따라 연애나 결혼에 대해 요구하는 것, 요구되는 것은 조금씩 바뀌어갑니다. 표면상으로는 '자유연애'에서도 개인 각자가 온당하게 고르는 선택지는 그렇게 많지 않습니다.

시행착오를 반복하고 경험을 쌓은 남녀는 자신의 매력을 높이거나 단점을 보완하는 방법을 익혀갑니다. 이성을 보는 눈이 완성되면 여성을 육체적인 젊음만으로 평가한다거나, 남성을 경제력만으로 가늠하는 단순한 기준에서 멀어지고, 다양한 이성의, 다양한 매력을 깨닫게 됩니다. 자신을 돋보이기 위한 허영을 부리는 데 적합한 파트너를 골라야 하는 동기가 없어지면, 파트너의 선택지는 훨씬 넓어집니다.

이들 역시 청년에서 어른으로 바뀌어가는 경험이 축적되는 와중에 일어나는 일종의 성장이지만, 그 정도는 사람마다 다릅니다. 안타깝게도 환갑의 나이가 되었는데도 욕구를 통제할 수 없는 사람, 이성을 보는 눈이 자라지 않은 사람은 얼마든지 있습니다. 그래서 이번 장에서 제가 말하는 어른의 연애나 결혼 이야기는 가급적 목표로 삼거나 그 가능성의 하나로 삼아주셨으면 합니다.

나이가 든다고 연애나 결혼의 선택지가 줄어든다고 생각할 필요는 없습니다. 나이가 들어가는 가운데 연애나 결혼의 형태가 보다 세련되고, 사리 분별 있는 파트너십을 실현할 수 있는 가능성도 높아진다고 생각해야 합니다.

'소셜 스킬'의 중요성

그렇다면 이성의 어떤 부분에 주목해 평가해야 하느냐…… 솔직히 말하면 '전부'입니다. 언어의 선택, 의식주에 대한 감각, 생활 습관, 인간관계, 직장에서의 평가, 지식 교양, 인생 철학, 스포츠나 취미에 어떤 자세로 임하는지 등등 모든 것이 포함됩니다.

저는 여기에 굳이 '성격'이라는 단어를 넣지 않았습니다. 그 사람의 내면에 깃든 '성격'이란 언행이나 표정에 나타나는 것이기 때문입니다. 말이나 표정은 가장 바깥으로 드러나는 그 사람의 '성격'입니다. 거꾸로 말하면 내면으로는 아무리 좋은 사람이었다고 해도, 말투가 자주 거칠어지거나 표정이 험악해지면 남한테는 '성격이 나쁜 사람'일 뿐입니다. 상대에게 바라는 조건으로 꼽히는 '성격이 좋은 파트너'란 실제로는 '사귀기 쉽고, 스트레스를 잘 받지 않는 파트너'라고 바꿔 말할 수 있습니다. 예를 들어 생활 습관이 야무진 사람, 의식주를 유지할 수 있는 사람은 그렇지 않은 사람보다는 사귀기 쉬울 테죠. 불규칙적인 식사가 반복되거나 어수선한 환경에 살고 있다고 하면 바깥에서 활동하는 삶의 질이 떨어져버리고 병의 요인으로도 경시할 수 없습니다. 파트너의 조건을 따질 때 그런 부분을 주시하는 것도 필요합니다.

표정이나 말투는 더 중요합니다. 아무리 외모와 체형이 뛰어나더라도 표정이 없는 사람은 사귀기 쉽지 않습니다. 그런 사람을 파트너로 삼으면 표정을 통해 상대의 마음을 알기 어렵고, 의사소통에 고생을 할 겁니다. 대조적으로 알기 쉬운 표정을 적절하게 만들어주는 사람이라면 의사소통이 쉬운 만큼 오해를 살 일도 별로 없고, 오래도록 사귈 수 있습니다.

말에 관해서도 깊이 생각하지 않고 말하는 사람과 말을 골라가며 배려하는 사람의 차이는 큽니다. 가시 돋친 말을 들먹이며 타인의 욕만 하는 사람은 함께 있으면 피곤할 뿐만 아니라, 그 사람 이외의 인간관계까지 악영향을 끼칠 수 있습니다.

이는 성격 같은 내면적인 것이라기보다 사회생활을 할 때 나타나는 '소셜 스킬'이라고 불러야 할 것입니다. 소셜 스킬은 타고난 것이 아니라 사회 경험을 통해 갈고닦는 것이라서 보통 어린 사람보다 나이 많은 사람이 세련된 편입니다. 더구나 외모는 젊을 때보다 시들겠지만, 소셜 스킬은 시들지 않습니다.

취미를 어떻게 대하느냐도 이성에 대해 많은 것을 가르쳐줍니다. 최근에 '오타쿠의 혼인 활동'이 화제가 되기도 했지만, 나와 비슷한 취미를 갖고 있느냐만을 신경 쓰는 것은 충분하지 않습니다. 다양한 취미를 가진 사람도 있고, 싫증을 잘 내는 사람도 있으며, 요령을 빨리 익혀서 많은 취미를 갖는 사람도 있습니다. 하나의 취미에 열중하는 사람도, 하나의 취미를 깊이 추구하면서 소셜 스킬을 확실히 익히는 사람도 있고, 돈 관리는커녕 생활도 제대로 못 하면서 취미에 빠지는 사람도 있습니다. 취미를 어떻게 대하는지만 봐도 그 사람에 대해 상당히 많은 것을 추측할 수 있습니다.

이외에도 일이나 인간관계를 포함한 모든 것에 주목해서, 그것들이 무엇을 암시하는지, 어떤 것을 뜻하는지 읽어내야 합니다. 하나하나의 요소를 따로따로 읽는 것이 아니라 여러 요소를 늘어놓고 정리해서 그 사람이 어떤 사람인가를 판단하는 겁니다. 스포츠에서도, 온라인 게임에서도, SNS에서도, 뭐든 그렇지만 모든 것이 그 사람의 성향을 반영합니다. 사리분별 여부, 허영심의 강약, 사회 경험의 많고 적음, 그런 것은 모든 활동에 드러나기 때문에 그걸 종합해서 읽어내는 것입니다.

훌륭한 '전우'를 얻어라

젊은 시절의 연애에는 젊음을 기반으로 한 근사한 외형을 바라는 욕구가 강하게 작용합니다. 그에 반해 어른이 되면 다양한 각도의 매력이나 소셜 스킬 등이 부각됩니다. 파트너 선별의 기준 또한 함께 살아가기 위한 동료, 서로 등을 맞댈 전우로서의 적합성으로 바뀌게 됩니다. 그중에서도 어른끼리 결혼할 때에는 오랜 삶을 함께할 수 있는지, 안심하고 가정을 이루고 아이를 맡길 수 있는 사람인지 신중하게 살펴봅니다. 소셜 스킬이 높고, 이를 제대로 구분하는 사람들이라면 서둘러 결혼할 테죠.

이에 대한 의미를 잘 생각해보세요. 빨리 어른이 될 수 있다면 자신의 등을 맡길 만한 이성을 파트너로서 빨리 의식하고, 만날 가능성도 높아질 겁니다. 반대로 늦게 어른이 되는 사람은 신뢰할 수 있는 이성을 파트너로 의식하는 것이 늦어져, 그만큼 만날 기회도 적어지게 됩니다.

20대 초반에 소셜 스킬이 높고 이를 제대로 구분하는 이성에게 매력을 느끼는 사람은 그만큼 많지 않습니다. 동세대의 대다수는 외모나 경제 능력 등에 신경을 씁니다. 이 연령대에 파트너 선택의 기준을 바꾼 사람은, 경쟁률이 높아도 등을 맞댈 전우를 찾을 수 있겠죠.

그런데 30세 전후가 되면 같은 세대의 상당수도 이성을 보는 눈이 달라집니다. 사려 깊은 이성, 분별이 작용하는 이성 등에 매력을 느끼는 사람이 늘어나기 때문에 경쟁률은 높아집니다. 차례로 결혼을 결정하는 연령대라서 배율은 금세 높아집니다. 이 나이가 되어도 20대 무렵과 같은 평가 척도로만 이성을 판단하는 사람은 이 은밀히 진행되는 변화를 깨닫지 못한 채 따돌림을 당하게 됩니다.

30대 중반이 되면 상황은 결정적이 됩니다. 평생 반려자에 걸맞은 깊은 사려와 분별을 가진 남녀 대다수는 이미 결혼한 상태입니다. 매력적인 외모, 경제 능력밖에 보지 않았던 사람들에게 남겨진 것은 그런 어른 티가 나는 매력이 별로 없는 동세대의 이성입니다.

물론 연하의 이성 중에서 사려 깊은 이성, 분별이 작용하는 이성을 찾을 수 있을지 모르지만, 30대가 될 때까지 그걸 눈치채지 못한 사람은 사려 분별을 익힌 연하의 입장에서 봤을 때 매력적인 이성으로는 보이지 않을 겁니다.

연령이 높아질수록 파트너 선택 기준이 변화하는 걸 얼마나 빨리 눈치채느냐에 따라, 믿고 등을 맡길 만한 파트너와 만날 확률이 달라질 것입니다. 짧게 타오르는 사랑이라면 몰라도 오래 사랑하고 인생을 함께할 파트너에게 얼굴과 체형, 잠깐의 젊음은 큰 의미가 없습니다. 대신 표정이나 언행에서 짐작되는 사려나 배려, 의사소통에 필요한 소셜 스킬을 가진 이성이야말로 등을 맞댈 수 있는 전우가 될 것입니다. 신뢰할 수 있는 파트너십을 만들고 싶은 사람은 가능한 한 빠른 단계에서 그에 걸맞은 매력에 주목하는 것이 좋겠습니다.

그와 동시에 앞으로 익혀갈 매력의 방향성이나 나이가 들면서 어떤 사회 경험을 쌓는가에 대해서도 생각할 필요가 있습니다. 청년의 매력을 지속하기 위해 발버둥 치는 것만으로는 어른으로서의 매력을 익힐 수 없고, 좋은 파트너가 될 수 없습니다. 이성이 안심하고 등을 맞댈 수 있는, 그런 미래를 모색할 필요가 있습니다.

연애에 맞는 적성과 결혼에 맞는 적성은 많이 다릅니다. 젊고 잘생긴 데다 돈을 아끼지 않고, 드라마틱하고 신비로운 분위기를 풍기는 이성이라면 그 연애는 매우 자극적일 겁니다. 그러나 결혼 생활에 드라마틱하고 신비로운 분위기는 필요 없습니다. 돈을 아끼지 않는 사람과 결혼한다면 이후가 큰일입니다.

하지만 연애가 너무 좋아서 연애에 최적화되어간다고 하면 어느 사이엔가 결혼 상대로 바람직하지 않은, 오히려 좋지 않은 부류에 속하는 인간이 되어버릴 수 있습니다. 그럼에도 세상에는 이런 구별을 잘 못하는 사람이 많이 있습니다. 연애에 필요한 적성과 결혼에 필요한 적성을 착각한 채 '결혼할 수 없다', '좋은 사람과 만날 수 없다'라고 투덜댄다면 불행하지 않을까요.

일본에서는 1960년대 무렵부터 로맨틱한 연애를 거쳐 결혼하는 것이 바람직하다고 하는 사고방식이 유행했습니다. 트렌디 드라마가 한창 방영된 1980~90년대까지는 연애결혼이 당연한 것이라 간주되었고, 그동안 큰 비중을 차지하던 중매결혼은 줄어들었습니다.

이런 변화 속에서 연애는 결혼하기 위해 반드시 통과해야만 하는 허들로 인식하게 되었습니다. 그리고 TV 드라마 등을 통해 그려진 이상적인 이성상이나 이성의 남녀교제상도 연애를 바탕으로 한 것이 대부분으로, 결혼 적성이 높은 이성상은 계속 방치되었습니다.

로맨틱한 연애의 역사에 대해 알아보면, 근세 프랑스 상류계급까지 올라가는데, 이들은 '결혼은 결혼', '연애는 연애'로 구분해 생각했습니다. 그런데 연애가 대중화하면서 결혼과 강하게 이어지게 되고, 어느덧 결혼하기 위해서는 우선 연애를 하지 않으면 안 되었습니다.

앞에서도 이야기한 대로 연애에 맞는 성향과 결혼에 맞는 성향에는 꽤 차이가 있고, 결혼에는 적성이 맞는데도 연애에 적합하지 않아 결혼할 수 없거나 하지 않는 사람이 적지 않습니다. 젊을 때야 어찌 됐든 결혼을 생각할 정도의 나이가 되고 나서는, 그런 사람을 그냥 지나치는 것은 영리하지 않습니다. 그러나 연애가 곧 결혼이라는 고정관념이 완성되어 있는 사람은 연애 적성에 따라 이성을 바라보기 때문에 결혼 적성이 높은 이성에게는 아무런 매력을 느끼지 못하고, 몇 살이 되든 연애에 적합한 이성을 뒤쫓으며 결혼 상대가 없다고 불평할 것입니다.

여러분이 만약 연애가 곧 결혼이라는 사고방식에 사로잡혀 있다면 반드시 의심의 눈으로 바라봐야 합니다. 태곳적부터 인류가 연애와 결혼을 동등하게 연결하진 않았습니다. 연애와 결혼을 완전히 분리할 필요는 없지만 지나칠 정도로 결부시킬 필요도 없는 것입니다. 양자 사이에 차이가 있음을 간과하면 자신을 성장시킬 방향성도, 파트너에게 바라는 것도 엉뚱한 데서 찾게 될 수 있습니다.

아직도 결혼이 인생의 무덤이라고?

젊은 사람은 종종 '결혼은 구속되는 일이 많다', '결혼에는 책임이
따른다'라고 해서 결혼을 꺼립니다. 확실히 결혼으로 인해 청년의 이점
인 빠른 변화가 희생되는 것은 부정할 수 없습니다. 그중에는 '결혼은
인생의 무덤이다'라고 단언하는 사람도 있습니다.

그러나 정말 그럴까요? 세상에는 비참한 결혼생활을 보내고 있는
사람도 있습니다. 의무나 체면만으로 부부를 유지하는 사람들, 항상 으
르렁대며 서로의 발목을 잡는 부부들을 보면 '과연 인생의 무덤이라
할 만하구나' 하는 생각이 듭니다.

한편 부부나 가정에 의무뿐만 아니라 삶의 보람도 느끼는 사람, 부
부가 힘을 합쳐 기쁨을 느끼는 사람도 있습니다. 바람직한 부부는 이른
으로 연결되는, 사랑하는 사람을 위해 살아가는 가치관을 갖고 있습니
다. 자신의 욕구 충족과 성장에만 매달리지 않고, 파트너의 행복 또는
아이의 성장을 통해 기쁨을 실현하기 위한 기회로 여깁니다.

의무감과 표리일체인 삶의 보람을 결혼생활에서 느끼는 사람, 협심

하여 살아가는 부부를 보면 인생의 무덤이라기보다 인생의 영광스러운 무대, 또는 인생의 가속장치라고 생각할 수밖에 없습니다.

저는 앞서서 어른이 되고 나서의 파트너를 '등을 맡길 수 있는 전우'라고 표현했습니다. 실제로 결혼생활은 탁구 복식이나 '2 대 2' 게임과 닮아 있습니다. 서로의 약점을 감싸며 도와가면 베스트이고, 서로의 발목을 잡고 불협화음을 이어간다면 워스트입니다. 1 더하기 1이 3 이상이 되기도 하고, 1 더하기 1이 1 이하가 되기도 합니다. 서로 도와가며 상대방의 행복이나 전체의 행복을 우선해야 하는데, 자신의 안위만 챙겨서야 결코 바람직하지 않습니다.

이를 고려한다면 결혼이 인생의 무덤이 될지, 인생의 영광스러운 무대가 될지는 부부 하기 나름입니다. 결혼이 인생의 영광스러운 무대가 되려면 무엇이 필요할까요. 결혼은 둘이서 하는 것이기 때문에 혼자서만 상대방의 행복과 전체의 행복을 바라서는 뜻대로 되지 않을 겁니다. 서로의 약점을 감싸주고 협심하는 의지와 능력이 몸에 밴 동료라면, 1 더하기 1이 3 이상이 될 가능성이 높겠죠. 반대로 머릿속에 자신의 안위만으로 가득 차고 소셜 스킬이 결여된 남녀가 결혼했다면 1 더하기 1은 1 이하가 되고 '결혼은 인생의 무덤'이 되어 결국에는 서로를 적대시할 겁니다.

그렇게 보면 자신의 배우자를 나쁘게 말하는 것은 자신이 미숙하거나 사람 보는 눈이 없던가, 그 둘 다를 일부러 남들에게 알리고 다니는 것입니다. 그런 불행을 피하려면 어떻게 해야 할까요. 이성의 어떤 점을 주시해야 할지 한 번 더 생각해봅시다.

청춘의 연애가 쓸데없는 것은 아니다

여기까지 생각하면 '젊은 시절의 연애란 뭔가', '쓸데없고 의미도 없지 않은가'라고 생각할 수 있겠지만, 그렇지 않습니다. 우선 젊은 시절의 연애를 젊은 마음으로 할 수 있는 것은 젊을 때뿐입니다. 사회 경험이 적은 사람들이 젊은 마음으로 연애할 수 있는 기간은 짧고, 사회 경험을 쌓은 후에는 그런 연애는 절대로 할 수 없습니다. 만약 그런 기회가 생긴다면, 그것은 그대로 둘도 없는 추억이 됩니다.

게다가 젊은 시절의 연애에는 실패나 실연이 따르는데, 그 또한 살아가는 데 도움이 됩니다. 어째서 그 사랑의 결과는 좋지 않았는가. 나는 무엇을 해야 하고, 무엇을 배웠어야 했는가. 어떤 상대였다면 결과가 좋았을 것인가……. 과거의 전철을 밟지 않으려고 행동하는 사람에게 젊은 시절의 연애 경험은 미래를 향한 귀중한 재산입니다. 비록 이성과 헤어졌더라도 그 실연에는 의미가 있습니다. 실연에서 적절한 교훈을 배운 사람은 다음 연애는 잘 풀리든지, 좀 더 괜찮은 형태의 실연으로 바뀔 것입니다. 게다가 젊은 시절의 실연을 젊은 마음으로 할 수 있는 것도 젊을 때뿐이니, 이 또한 유일한 것입니다.

또 이성과의 커뮤니케이션은 동성과는 다르게 배려해야 하는 부분이나 주의할 점이 있습니다. 직장 동료나 동아리 친구로서 만나는 이성이 있다면 어느 정도는 이해할 수 있는 반면, 교제 상대로서 만나지 않으면 알기 어려운 부분도 있습니다. 이성과의 커뮤니케이션이 어렵다는 걸 직접 겪는 것도 귀중한 경험입니다.

책임이라는 관점에서도 젊은 시절의 연애에는 특유의 장점이 있습니다. 젊은 시절의 연애는 도중에 헤어진다고 해도 그것이 돌이킬 수 없는 인생의 분기점이 되어버리는 경우는 없습니다. 20대 후반과 30대 연애의 경우는 결혼을 의식한 묵직한 감각을 수반하는 경우가 종종 있지만, 어릴 때는 그런 무게감을 신경 쓸 필요가 없습니다. 학교와 동아리에서의 연애, 사내 연애조차 전학, 졸업이나 전근으로 인간관계가 뒤섞일 여지가 있을 때는 어떻게든 됩니다.

세상에는 사춘기에 연애하지 못한 걸 마음속에 담아두거나 섭섭하게 생각하는 사람도 많이 있습니다. 어른이 되고 나서 훌륭한 파트너와 결혼한 사람들조차 '교복을 입었을 때 이성과 만나고 싶었다'라고 투덜대는 사람이 있을 정도니까요. 젊은 시절의 연애는 경험이나 노하우

습득과 같은 의미를 뺀다고 해도 기회가 있다면 경험해두는 것이 좋습니다.

그중에는 '짝사랑은 괴롭다', '누군가에게 차이는 모험을 하고 싶지 않다'라고 주저하는 사람도 있을지 모릅니다. 그러나 그런 경험조차, 중년이 되고 나서는 젊은 시절처럼 경험할 수 없다는 것을 잊지 말길 바랍니다. 연애 자체에는 나이 제한이 없지만, 청년의 연애에는 확실한 제한 시간이 있습니다. 여러분이 지금 나이로 경험할 수 있는 연애는 지금밖에 할 수 없는 것입니다.

제7장

취미와
함께하는
삶

한 번뿐일지 모르는 시간을 진심으로 즐기길 바랍니다.
그처럼 무심한 취미 생활이 나이 든 후에도 이어진다는
보장은 없으니까요. 그 한 번뿐인 시간의 추억은,
미래의 자신에게 보내는 선물이 됩니다.

취미에 대한 태도나 평가 기준도 나이가 들면 바뀌어갑니다. 이런 변화는 어떤 취미에서도 꼭 필요한 겁니다. 체력이나 동체 시력의 저하, 사회적 입장의 변화는 취미에 대한 태도에도 커다란 영향을 미칩니다.

나이가 들면서 감성과 기호가 바뀌거나, 때로는 취미 생활을 더 이상 즐기지 않게 되는 경우도 있습니다. 만약 지금 여러분이 10대 취향의 애니메이션이나 소설에 푹 빠져 있다고 해서 20년 후에도 좋아할 거라는 보장은 어디에도 없습니다. 나이가 들면서 새로운 취미로 바꾸고 싶어질 가능성이나 활동이 점점 줄어들거나, 정신을 차리고 보니 취미를 전혀 즐기지 않을 수도 있습니다.

또 취미는 사회에서 받아들이는 방법이 바뀌기도 하는데, 이 또한 취미 생활에 영향을 미칩니다. 특히 서브컬처의 범주에 포함된 청년 대상의 장르는, 그 장르가 어떤 식으로 세상에 받아들여지고, 어떤 식으로 즐겨나가는지가 점점 바뀌어가는데, 그걸 즐기는 사람들도 바뀌어 갑니다.

소설은 예전에 서브컬처로 봐도 무방한 장르였습니다. '소설을 읽으면 머리가 나빠진다'라고 신문에서 비판을 했었는데, 이제는 학교 추천 도서로서 소개합니다. 나오키 상이나 아쿠타가와 상이 권위 있는 상이 되고, 무라카미 하루키의 노벨문학상 수상 여부가 매년 화제가 되는 것을 보면 알 수 있듯이, 이제는 완전히 성인 대상의 장르 대부분이 메인컬처의 일부입니다. 소설만큼은 아니어도 만화, 애니메이션, 게임 또한 '어른도 즐기는 취미', '오타쿠가 아니어도 즐기는 오락'으로 바뀌었습니다.

그러나 세월이 흐르고 중년을 맞이하자, 꽤 많은 사람이 오타쿠의 삶에서 빠져나온다는 사실을 깨닫기 시작했습니다. 더 이상 오타쿠의 삶을 이어갈 수 없게 된 사람들은 취미 활동을 그만두든가, 옛날 콘텐츠를 그리워하게 되었습니다. 그중에는 무리하게 오타쿠의 삶을 이어간 결과, 취미에 시간과 돈을 들이다가 생활이 점점 어려워져 고통받거나, 몸이 망가져버린 사람도 간간이 보이게 되었습니다. 이처럼 취미를 즐긴다는 하나의 일에 대해서도 시간의 흐름은 사람을 바꾸어갑니다. 청년 대상의 콘텐츠를 평생 청년의 기분인 상태로 즐길 수 있는 사람은 별로 없습니다.

반대로 생각한다면 공기 마시듯이 콘텐츠를 즐길 수 있는 시간은 유일하고 소중한 것이라고 할 수 있습니다. 만약 현재의 여러분이 무심하게 지금이라는 시간을 즐기는 것이라면 그 한 번뿐일지 모르는 시간을 진심으로 즐기길 바랍니다. 그처럼 무심한 취미 생활이 나이 든 후에도 이어진다는 보장은 어디에도 없으니까요. 어쨌든 한 번뿐인 시간의 추억은, 미래의 자신에게 보내는 선물이 됩니다.

중년이 되고 나서도 청년 때 하던 취미를 계속 즐기기란 어렵습니다. 쉽지 않기 때문에 그런 취미 생활을 계속하는 사람은 어떤 편법을 갖고 있거나 독특한 상황에 놓인 것으로 청년의 상황과는 다르다고 할 수 있습니다. 그리고 평소에는 어른의 일상에 쫓겨 재미없게 살아가는 사람이라도, 마음에 드는 콘텐츠나 이벤트가 생길 때는 죽은 사람이 살아 돌아오는 것처럼 복귀하는 경우도 있습니다.

이런 실태인데도 세상은 서브컬처를 좋아하는 사람을 가리켜 '어른스럽지 못한 늙은 청년'이라고 이야기합니다. 확실히 예전에는 잘난 척하는 서브컬처의 선배가 꽤 많이 있었습니다. 어떤 장르에 관심을 갖기 시작한 신참이 들어오자 '너는 ○○도 모르는 거냐'라는 식으로 몰아세우고 자신의 지식을 자랑하며 으스대는 사람들을, 저는 온라인에서도 오프라인에서도 만났습니다.

하지만 이제 그런 사람은 별로 보이지 않습니다. 있다고 해도 그 사람에게 주의를 주는 사람까지 생겼고요. '참견쟁이 아저씨가 잔소리를 하면 그 장르가 쇠퇴한다'는 것을 중년 팬 대다수는 알고 있고, 신입의 참여를 기뻐하고 새로운 바람을 받아들이고 있는 것 같습니다.

그러나 세상에는 아직도 '옛날 ○○는 좋았지만 지금은 재미있는 콘텐츠가 없어, 젊은 세대는 재미있는 걸 잘 모른다'라며 진지한 얼굴로 말하는 중년도 있습니다. 이런 사람들은 대부분 현역이라기보다 나이들어 취미 생활을 더 이상 할 수 없게 된 중년들입니다. 왜냐하면 현재 콘텐츠에 대해서는 거의 모르고, 잘 보지도 않기 때문입니다. 어떤 취미라도 진보하기 때문에, 이를 잘 아는 사람일수록 그런 단순한 말은 하지 못할 것입니다.

어린 사람들 앞에서 자만하지 않고, 장르 내의 변화나 청년의 유입을 받아들이는 중년 팬들은 이 책에서 말하는 어른의 실천에 가까운 취미 생활을 하고 있습니다. 신참을 환영하고, 지식과 경험이 없더라도 위축되지 않는 분위기를 조성합니다. 그 장르를 오래도록 사랑하려면 1장에서 언급한 것처럼 '세대나 입장이 다른 사람에게 그 차이를 바탕으로 대하는 것'이 필요하기 때문입니다. 청년도 자신의 시점으로만 바라보지 말고, 어른 또한 어른의 시점으로 청년을 대해야 합니다.

여기에 쓴 어른스러운 고참 팬의 존재는, 오래 지속되고 있는 장르에서는 그다지 드물지 않습니다. 그런 선배는 취미를 즐기기 위한 바람직한 롤모델 후보이고, 그들의 지식을 잘 이끌어낼 수 있다면 그 분야에서 무슨 일이 일어나고 있는지에 대해 식견이 넓어질 겁니다.

취미 세계에서도 동세대와 연결되는 것만으로는 얻을 수 없는 것이 있습니다. 다른 세대와의 만남이 있어야 깨닫는 것도 많고, 취미의 길도 열릴 것입니다.

언제든 그만두어도 좋다

청년 이후의 취미 생활에서 최우선으로 고려해야만 하는 것은 평생 그 분야의 1등일 수 없다는 것입니다. 자신이 계속 즐길 수 있다는 것은 인생이 바람직하다는 뜻이죠. 즐거움과 기쁨이 있고, 무리하지 않는다면 계속 이어질 수 있으며 실제로도 오래 지속될 겁니다. 그러나 계속 이어지는 것에 부담을 느낀다면 차라리 그만둬버리는 방법도 있습니다.

어떤 장르의 취미도 마찬가지지만, 취직하고 돈의 여유가 생긴 청년은 취미를 즐기려면 얼마든지 즐길 수 있습니다. 지식과 경험의 부족으로 잘 몰랐던 것도 30대를 맞이할 무렵에는 알게 되겠죠. 그림을 그리거나 글을 쓰는 사람이라면 기량이 슬슬 세련되어지는 시기입니다. 일이 어느 정도 안정감을 찾게 된 독신 아라사(어라운드 서티의 준말로 30세

전후의 사람-옮긴이)라면 바로 '독신 귀족'이라고 말해도 좋을 취미 생활을 즐길 수 있는 것입니다. 그렇다고 여유가 닿는다고 무작정 몰아붙인다면, 결혼이나 육아 등으로 취미 생활을 줄여야 할 때 고통스러워집니다.

취미를 넓고 깊게 추구할수록 자신을 규정하는 취미의 무게는 커지고, 서브컬처 분야를 통해 자신을 규정하고 싶은 마음은 더욱 견고해집니다. 자신의 정체성을 확인하는 데 취미의 역할이 클수록 정작 취미 생활을 줄여야만 할 때 난감해집니다. 정체성의 생명선이 취미 하나인 사람에게 취미의 축소는 그대로 정체성의 축소, 또는 상실로 이어질 수 있어 심리적으로 버티기 어려워지기 때문입니다. 무엇보다 건강 문제를 비롯한 다양한 이유로 취미 생활을 지속할 수 없게 되고, 어느새 아무 취미도 즐기지 못할 가능성조차 있는 것입니다.

인생의 많은 부분을 차지했던 취미를 더 이상 지속할 수 없게 된 결과, 삶의 즐거움을 잃어버린 빈 껍질의 중년이 탄생하게 됩니다. 그래도 취미를 계속 유지하겠다고 결심한다면 '힘내라'고 말할 수밖에 없습니다.

젊은 시절의 위세 좋던 청년이 나이가 들고 상황이 바뀌면서 취미 생활을 그만두는 경우를 저는 수없이 봤습니다. 취미에 인생을 걸어온 삶이 얼마나 위험하고 쉽게 끝나는지 잘 알고 있다는 뜻입니다. 그래도 여전히 사랑하는 장르의 길로 전력 질주하는 사람에게는 '부디 영원히 건재하기를' 하고 기도하는 수밖에 없습니다. 수입원이나 건강에도 신경 쓰고 초심을 유지해주세요.

그러나 이 점을 명심하시길 바랍니다. 지금 심취하여 즐기는 취미가 10년 후에는 그렇지 않다면 그만두어도 좋다고요. 손을 떼는 게 좋겠다 싶으면 손을 떼야 합니다. 허술하게 취미를 즐긴다고 함부로 경멸해서는 안 됩니다. 취미와 조금씩 멀어지는 중년을 반면교사로 삼아도 상관없지만, 그들의 보수적인 취미 생활을 그대로 따라 해도 상관없습니다. 언젠가 좋아하던 것들과의 관계에 변화를 주어야 할 때 참고가 되는 것은 어깨에 힘을 빼고 취미 생활을 이어가는 사람들입니다. 인생을 즐겁게 해줬던 취미와 헤어지지 못한 나머지 남은 인생이 괴로워져서는 본말이 전도되었다고 할 수 있습니다.

취미를 살린 크리에이터라는 직업

서브컬처 취미를 심화시켜 크리에이터가 된 사람도 있습니다. 서브컬처를 본업으로 삼게 된 것입니다. 일반적으로 서브컬처에 종사하는 사람은 본인의 능력 대부분을 그 전문 분야를 연구하는 데 소비합니다.

서브컬처를 통해 자신을 규정하고 경제적으로도 의존하기 때문에 크리에이터로서 삶의 태도가 문자 그대로 그 사람의 '생명선'이 됩니다.

그럼에도 서브컬처의 콘텐츠 중에는 원작자가 행복해지거나 원만한 어른이 되면 재미없어지는 경우도 생깁니다. 콘텐츠라기보다 원작자라고 해야 할까요. 예를 들어 서브컬처의 카리스마로 이름을 떨친 오쓰키 겐지大槻ケンヂ라는 사람이 있습니다. 외로운 사춘기를 보내고, 그 우울함을 승화시킨 밴드에서 일약 스타가 된 그는 종종 정신적인 위기에 직면했습니다. 그가 만들어낸 콘텐츠들은 우울한 사춘기는 물론 성공 후에 직면한 고민까지 포함해서 행복이라고 말하기 어려운 본질이 깃들어 있었습니다. 만약 오쓰키 겐지라는 사람이 처음부터 인기가 많았다면 밴드가 성공한 후에도 만사 순조롭게 살다가 순탄하게 어른이 되었겠지만, 그만이 갖고 있는 매력은 태어나지 않았겠죠. 사춘기의 마음속 가장 얼얼한 부분을 어루만진 콘텐츠나, 정체성이 확립되지 않은 초조함을 표현한 콘텐츠로 인기를 얻은 사람은 그런 청년의 심경을 잃어버리면 더 이상 일할 수 없게 될 가능성이 있습니다. 섣불리 청년을 끝내고 어른을 시작하면 일도 정체성도 상실해버린다는 이야기죠.

그렇다고 평생 청년을 유지해서 재미있는 콘텐츠를 만들 수 있느냐 하면 그건 알 수 없습니다. 시간이 갈수록 더 젊고, 더 새로운 시대를 따라잡는 청년이 나타나기 때문입니다. 나보다 젊은 나이의 청년과 똑같은 판에서 경쟁해서야 이길 수 없습니다. 10~20대일 때는 시대의 기분이나 유행에 뒤떨어지지 않으려고 본능적으로 콘텐츠에 머물지만, 30대 중반을 넘어서면 그것도 어려워집니다. 자신은 점점 청년을 유지하기가 어려워지는데, 팬들도 자신도 청년의 콘텐츠에 계속 매달리면 나이가 들어가는 자신과 자신이 만들어낸 콘텐츠와의 격차가 점점 벌어져서 갈등이 생길 우려가 있습니다.

크리에이터 분야에는 예전부터 요절하는 사람이 적지 않았습니다. 그 이상으로 도중에 탈락하는 사람도 많이 있습니다. 오쓰키 겐지처럼 정신위생의 위기를 맞이하면서도 살아남아 활동을 계속하는 사람은 재능에도 운명에도 혜택을 받은 극히 예외적인 경우입니다.

크리에이터가 되고 싶다고 생각하는 청년이 봤을 때, 재능이나 시기의 혜택으로 크리에이터가 된 사람들은 분명 행복하게 보일지 모릅니다. 그러나 오랜 인생, 특히 남은 인생의 서바이벌 난이도를 생각하면 '행운'이라고 부르기보다는 '숙명'이라고 부르는 게 어울리지 않을까요. 특히 자기 안에 있는 청년의 감성을 콘텐츠로 만들어 파는, 그것이 정체성이 되어버린 크리에이터는 나이가 들면서 청년의 판에서 경쟁을 하는 것이 힘들다고 느끼게 되는데 그때부터가 진짜 승부입니다.

만약 여러분에게 재능이 있고 크리에이터가 될 가능성이 있다면 오래오래 활약하시길 바랍니다.

새로운 시대에 맞는 새로운 형태로
누군가가 이어간다

그렇다고 해도, 평생 활약해야 하는 '숙명'을 짊어진 것은 프로뿐입니다. 어떤 서브컬처도 본래는 청년의, 청년에 의한, 청년을 위한 취미라서 나이 듦에 따라 활약이 줄어듭니다. 그때는 최신 유행을 청년에게 맡겨도 상관없습니다. 또 그것이 자연스럽기도 합니다.

처음에는 앞뒤 분간도 못 하던 루키 같은 자신이, 어느새 중견이 되고 또 노병이 되어갑니다……. 쇠퇴하지 않는 서브컬처의 장르에는 많든 적든 그런 흐름이 나타납니다. 노병들만 날뛰고 아랫세대로 전승이 되지 않는 장르의 미래는 밝지 않습니다.

그걸 바탕으로 '내가 그 장르를 그만둔다고 해도 다른 누군가가 이어가준다면 그걸로 괜찮지 않을까'라는 발상으로 바꾸는 겁니다. 물론 후계자들은 시대가 다르기도 하고 각자의 형편이 있을 테니, 자신들이 젊었을 때와는 다른 방향성을 품기 일쑤입니다. 예를 들어 게임 세계에서는 유투버나 세계대회의 실황을 즐긴다는, 옛날에는 존재하지 않았던 놀이 방법으로 게임을 접하는 사람이 늘었습니다. 소셜 게임을 공략하는 요소도, 과거의 패미콘이나 게임센터의 그것과는 상당히 다릅니다.

하지만 이 책을 여기까지 읽은 분이라면, 그것이 세대나 입장 차이로 인해 일어나는 필연이라고 이해할 수 있을 겁니다. 그런 차이에 얽매여 아랫세대를 부정한들 얻는 것은 없습니다. 어른 역할을 제대로 하고 있는 사람이라면 같은 장르를 자신들만의 형태로 마주하는 어린 사람의 존재에 기쁨과 든든함을 느낄 수 있을 것입니다. '아아, 이 녀석들은 새로운 시대를 자신들만의 방법으로 이어가고 있구나'라고.

어린 사람들이 유입되고 새롭게 즐기는 방법이 널리 퍼지는 사이에, 그 장르의 공기도 어린 사람들에게 어울리는 것으로 조금씩 바뀌어갑니다. 자신이 좋아하던 게임이 평생 자신만의 것이라고 믿고 있던 중년 중에는, '옛날엔 정말 재밌었는데, 지금은 재미없어졌어', '요즘 라이트 노벨 독자는 캐릭터소설의 재미를 모른다'라는 사람도 나올 테죠.

하지만 이는 잘못된 인식입니다. 확실히 각각의 장르에는 영고성쇠(인생이나 사물의 번성함과 쇠락함이 서로 바뀐다는 뜻-옮긴이)가 있고,《주간 소년점프》의 황금기(슈에이샤에 의해 1968년 첫 발간된《주간 소년점프》는 1980년대에 닥터 슬럼프, 드래곤볼, 시티헌터 등 대히트작들을 탄생시키며 황금기를 이끌었다-옮긴이)만큼이나 만화계가 활성화된다고 보기는 어려울 겁니다. 그렇다고 해서 점프 황금기를 특별히 예찬하고, 오늘날의 만화를 부정하는 것은 나쁜 취미가 아닐까요.

취미는 나만의 것이 아니다

　결국 취미 세계에서도 시간의 흐름을 의식해야 하고, 어린 사람들도 나이가 듦에 따라 중년이 되기 때문에 유의할 필요가 있습니다. 취미는 자신만의 것도, 자기 세대만의 것도 아닙니다. 이 사실을 무시하고 자신이 그 분야의 중심에 있다고 착각하면, 아랫세대는 그 장르를 말려 죽이는 '꼰대'로 간주할 것입니다.

　어린 사람들의 취미 얘기에 귀를 기울이면, 그들은 제대로 된 지식도 없으면서 그 장르에 대해 고자세로 논한다거나 과거의 명작을 알지도 못하면서 현재의 콘텐츠를 신격화할 수도 있습니다. 그러나 최근에 저는 그런 아랫세대의 발언을 듣더라도 '경험이 부족한 걸 티를 내고 있지만, 일부러 지적하진 않겠다'라고 생각하고 대부분 가슴에 묻어둡니다. 제가 그들 나이였을 때도 잘 모르면서 아는 척을 했는데, 선배들은 그 모습을 탓하는 대신 따뜻하게 지켜봐주었기 때문입니다.

　물론 그런 아랫세대의 행동을 무시하라는 뜻은 아닙니다. 조금 더 알고 있는 선배로서 '그건 아니다'라고 정정해줘도 괜찮습니다. 만약 여러분이 '꼰대'로 간주되어도 상관없다는 각오가 되어 있다면 그들 앞을 막아서고 쓰러뜨릴 허들로서 행동하는 것조차 하나의 입장이라 할 수 있습니다. 이것은 내가 어떤 선배가 되느냐, 될 수 있느냐에 따라서

160 마흔에는
　　어른이 될 줄 알았다

달라지지만 어떤 때라도 '세대나 입장이 다른 사람에게 그 차이를 바탕으로 대한다'는 마음이 밑바탕에 깔려 있어야 합니다.

자신이 사랑한 장르를 이어가는 사람이 곁에 있는 것은 꽤 기분 좋은 일입니다. 저는 게임 오타쿠였지만, 친하게 지내는 후배가 게임에 빠지거나 커뮤니티에 참여하는 모습을 보면 그것만으로도 기분이 좋아집니다. SNS상에서 많은 청년이 게임 이야기를 나누는 걸 지켜보는 일도 즐겁습니다. '문화는 이렇게 이어지는구나……'라는 실감이 납니다. 여러분에게도 그런 날이 찾아올 것입니다.

제8장

나이 듦의
허무함을
극복하기 위해

'가능한 한 매일매일 열심히 살도록 명심하고,
조금이라도 더 나은 인생을 만들어간다'라는 의식과
실천이야말로 인생의 허무함에서 구해줄 것입니다.

제4장에서 언급한 대로 제가 '오래 살아가는' 것에 위협을 느끼게 되었을 때는 불혹을 맞이할 때였습니다. 오래 살아간다는 것도 여간해서는 쉽지 않은 듯합니다. 제가 하는 선택과 행동에 의해 인생이 결정된다는 청년과는 달리 중년기 이후 어른의 인생은 지금까지의 선택과 행동의 결과로, 그 성과와 책임을 안고 살아가야 하는 것처럼 보이기 때문입니다. 그 축적의 무게와 변경의 불가능성 등을 생각하면, 저는 '그들은 나보다 오래 살아갈 테지, 나보다 많은 결과와 역사를 짊어지고…… 그래도 계속 살아가는구나!'라며 그것만으로도 경의를 표하고 싶어집니다.

젊을 때는 부모의 탓, 사회의 탓이라고 자신의 불행이나 미흡함에 대한 책임을 전가할 수 있었습니다. 그런 발상의 반증으로서 좋은 학교나 좋은 직장에 들어가면 인생이 바뀐다든가, 좋은 만남으로 인생이 바뀐다든가, 타력본원(다른 이에게 기대어 일을 성취함을 뜻하는 불교 용어-옮긴이)으로 근거 없는 희망에 매달려 그 자리를 벗어날 수도 있었습니다.

그러나 자신의 선택이 오래 축적되고, 그 결과를 받아들이고 난 후 온전히 자신의 다리로 딛고 살아온 어른에게는 그렇게 누군가에게 책임을 전가할 수 없습니다. 애매한 희망의 여지도 없습니다. 학교를 졸업한 이후 나의 이력은 자신의 선택으로 이루어진 것이기 때문에, 대학에 들어가고 기업에 취직한다고 해서 무조건 따라붙는 것이 아닙니다. 학교나 직장이 인생을 바꿔주는 것이 아니라 그곳에서 자신이 무엇을 이루었는지에 따라, 만남이 인생을 바꾸는 것이 아니라 만나고 나서 상대와 무엇을 했는지에 따라 인생이 바뀌는 것이겠죠. 실수나 실패를 했을 때 설령 누군가가 감싸준다고 해도, 빚이 생기거나 명성이 실추되는 형태로 반드시 대가가 따르고, 또 그 대가를 떠맡지 않으면 안 된다는 것도 잘 알고 있을 것입니다.

그래서 세월을 거듭한 사람들은 신체적인 핸디캡을 동반합니다. 50~60대가 되면 체력이나 기력은 더욱 나빠집니다. 그 나이에도 건강한 체력과 기력을 유지하는 사람은 건강에 대해 적절한 노력을 해온 사람이거나 유전적으로 행운을 거머쥔 사람이겠죠. 그럼에도 20대나 30대와 비교하면 확실히 약합니다. 건강을 신경 쓰지 않고 살아온 사람, 무리하며 살아온 사람, 유전적으로 건강하지 못한 사람은 점점 건강을 잃기 시작합니다.

나이가 더 많아지면 노인 냄새, 두발 문제, 요실금 문제 등 씁쓸하지만 무시할 수 없는 문제가 찾아옵니다. 그래도 대다수의 고령자는 내색하지 않고, 나이에 걸맞은 위엄과 존엄, 외형을 유지하고 있습니다. 그런 외모는 젊은 시절에는 불필요했던 노력의 축적으로 유지되는 것입니다.

게다가 인생의 궤도를 수정하기 위한 시간이나 활력은 줄어듭니다. 지금까지 이야기한 것처럼 중년이 되면 자신의 라이프스타일과 정체성은 버리기 어렵습니다. 억지로 버리려고 하면 1장에서 다룬 '중년기 위기'라고도 불리는 대탈선에 이르게 될지도 모릅니다. 때로는 사별이나 해고 같은 뜻하지 않은 형태로 위기에 직면할 때도 있고요. 그래도 살아가는 것은 쉽사리 그만둘 수 없습니다.

다시 어려질 수 없고, 유지를 위해 끊임없이 노력해야 하며, 다시 무를 수도 없는 몸으로 살아감에도, 오늘날 사회에서는 나이가 들었다고 어린 사람들로부터 존경받는 일도 드물어졌습니다. 사실 살아 있다는 것 자체가 젊었을 때보다 훨씬 힘든 일인데 말이죠. 중년 이후의 인생을 내다보면 너무나 많은 짐을 지고 살아가는 사람들이야말로 위대한 선배라고 할 수 있지 않을까요?

한편 오래 살아간다는 것의 어려움이나 이유를 청년일 때 직관하는 것은 매우 힘들다는 것도 불과 몇 년 전까지 청년이라고 말할 수 있던 저로서는 이해할 수 있습니다.

또한 어른을 대단하게 생각한다고 해서 청년은 그렇지 않다고 생각할 리 없다는 것은 앞서 5장에서 이야기한 대로입니다. 각각의 나이에는 각각의 장점이나 특색이 있고, 그때이기에 가능한 것, 그때이기에

해야만 하는 것을 마주하면서 살아갑니다. 그래서 몇 살이 되어도 삶의 보람이 있는 것이고, 살아가야만 하는 책임과 의무도 있는 것이라고, 지금의 저는 생각합니다.

좋든 나쁘든 모두 나의 역사가 된다

가능성은 점점 줄어들고 신체적인 노화도 진행된다면 '나이가 든다는 것은 결국 허무하고 슬픈 일에 지나지 않는다'라고 생각하는 사람도 있을 겁니다.

흔히 일본인에게는 '제행무상'이나 '모노노아와레(헤이안 시대의 대표적 미의식 중 하나로, 어떤 사물이나 사실에 대하여 감동이나 감흥을 느끼는 것을 가리킨 말-옮긴이)' 같은 감성이 있다고 합니다. 이 감정들을 긍정적인 것으로 본다면, 자연계나 유행의 변화만을 사랑하는 것이 아니라 자신이 태어나고 자라며 늙고 죽어가는 것에도 같은 사고방식을 적용해도 이상하지 않다고 생각하지만, 아무래도 대부분의 인간은 '나만큼은 불로불사이고 싶다'라는 마음을 버리지 못하는 듯합니다.

그렇다면 '어떻게 하면 나이가 든다=허무하다'를 벗어날 수 있을까요? 기초적인 조건으로 제일 먼저 건강을 언급하지 않을 수 없습니다.

정신과 의사라서 느끼는 것일지 모르지만, 오래도록 아프게 되면 사람은 쉽사리 허무함에 사로잡혀버립니다. 남다른 부와 명성을 얻은 사람이라도 건강이 상하면 인간관계도 잃어버리고, 그저 살아가는 것이 고작입니다. 지금 젊고 건강한 사람은 '일상은 쉽게 깨지지 않는다'라고 생각할지 모르지만, 나이 듦에 따라 특히 건강으로 인해 일상은 간단히 깨져버리게 됩니다.

중요한 것은 지금까지 선택해온 길을 소중히 하고, 그 길과를 제대로 자기 인생의 일부로 받아들여가면서 살아가는 것입니다. 청년과 마찬가지로 인생의 가치와 희망을 뭐든 할 수 있는 가능성으로밖에 받아들이지 않는다면, 인간은 나이가 들면 들수록 가치가 없고, 희망도 없는 존재가 될 수밖에 없습니다.

이런 가치관밖에 갖지 못하게 된 사람은 가능한 한 청년으로 있으려고 하고, 결과적으로 청년의 '허접한 복사본' 같은 인생을 걷게 될 겁니다. 또는 '젊음'이라는 가능성에 모든 것을 걸고, 그 도박이 실패로 끝나 부와 명성을 손에 넣지 못한다면 빨리 죽는 게 좋겠다는 결론에 이를지도 모릅니다.

'가능성이 곧 인생의 가치'라는 사고방식은 극히 일부의 성공한 사람과 젊음이라는 판돈이 넘쳐나는 청년에게는 좋을지 모르지만, 실패한 사람이나 젊음이 점점 사라지고 있는 사람을 쉽게 허무로 끌고 가버립니다.

　그러나 중년이나 노인 대부분은 성공했다고 보기는 어려워도 그런 대로의 일상을 보내고 있습니다. '인생은 허무하다'라고 깊이 생각하는 사람은 그리 많지 않을 겁니다.

　인생에는 좋은 날도 있지만 나쁜 날도 있습니다. 어떤 사람에게는 무의미한 선택이 다른 사람에게는 의미 있는 선택으로 비칠 수도 있죠. 또 사람은 계속 변화하는 한 흑역사와 무관할 수 없는 존재입니다. 과거의 흑역사를 부끄러워한다는 것은 성장한다는 증거입니다.

　떠올리면 마음이 무거워지는 기억이 있다고 해도 그것은 허무가 아닙니다. 오히려 그 통증은 자신이 살아온 의미나 책임을 가르쳐주는 것이니까요. 미래의 가능성이 줄어든 만큼 시간과 가능성을 소비해서 구축한 자신의 역사와 궤적이 남습니다. 그것은 결코 가볍지 않습니다.

　인간인 이상, 때로는 실패하거나 실수를 저지를 수 있습니다. 그러나 좋은 일도 나쁜 일도 자신의 역사와 궤적으로 남습니다. 불교에는 카르마(업)라는 말이 있지만, 남에게 자신의 내력을 숨길 수는 있어도, 자신의 기억이나 인식에서 숨길 수는 없습니다.

　사실 카르마는 타인에게도 그렇게 간단히 감출 수는 없습니다. 링컨이 '마흔이 지나면 자신의 얼굴에 책임을 져라' 하고 말한 것처럼, 오래 살아온 사람의 얼굴에는 지금까지 살면서 지어온 표정이 주름으로 새겨지고, 몸짓이나 언행, 소유물에도 그 사람의 가치관이나 삶의 태도가 들러붙어 있습니다. 어느 정도의 사회 경험과 인간에 대한 통찰을 지닌 사람은 그런 카르마의 흔적을 관통해버립니다.

자신이 살아온 의미나 책임은 반드시 남고, 그것이 카르마가 되어 쌓인다는 사고방식은 인생의 긍정적인 면만을 생각하는 사람에게는 낯설지도 모르겠습니다. 그러나 좋은 의미에서만 인생이 쌓인다니, 그렇게 좋은 이야기가 어디 있을까요? 본인 선택의 긍정적인 면과 부정적인 면을 똑바로 직시하는 것은 때로는 고통을 수반할지 모릅니다. 그러나 둘 다 내 인생의 일부이고 유의미한 이상, '인생이 허무하다'고 말할 여유는 어디에도 없습니다.

이런 시점으로 인생을 받아들이게 된 이후로 '사람은 그때 자신이 할 수 있는 범위에서 되도록 좋은 것을 쌓아가야 하고, 그럴 수밖에 없다'고 생각하게 되었습니다. '가능한 한 매일매일 열심히 살도록 명심하고, 조금이라도 더 나은 인생을 만들어간다'라는 의식과 실천이야말로 인생의 허무함에서 구해줄 것입니다.

카르마, 즉 자신의 역사와 궤적은 자신이라는 독립적인 단위에서 완결되지 않습니다. 자신의 카르마와 타인의 카르마, 자신의 역사와 타인의 역사는 경계가 모호하며 서로가 이어져 있습니다.

벽촌에서 태어나 불교를 신봉하면서 살아온 제가 봤을 때 '자신'이라는 작은 단위로 살아가는 의미나 카르마에 대해 생각하는 것은 서양적 개인주의에 편중된 오류입니다. 세계사가 한 나라의 역사뿐 아니라 주변 국가와의 관계나 사건의 연쇄로 인해 처음으로 의미를 갖는 것과 마찬가지로, 개인사도 여러 사람과의 관계나 사건의 연쇄 속에서 생각하는 것이 바람직합니다. 예를 들어 일가나 일족의 무리, 지역사회라는 단위가 건재했을 무렵에는 살아가는 의미도, 행불행도, 역사도 개인 단위로 생각할 수 없었습니다. 설령 자신이 타인의 칭송을 받지는 못하더라도 일가나 일족의 무리, 지역사회의 번영이 그 사람 개인에게 매우 의미가 있었고, 그 반대도 마찬가지였습니다.

대부분의 개발도상국에서는 일족의 누군가가 성공하면, 그 성공의 기쁨을 지인이나 친척과 나누었습니다. 성공과 실패는 개인의 것만이 아니라 관련된 모든 사람의 것이기 때문이었습니다. 아프리카 소국의 대통령이 친족을 요직에 앉혀서 선진국의 거센 비난을 받고 있지만, 개인주의가 정착하기 전의 사회에 사는 사람들의 감각으로는 그렇게 이상한 것이 아닙니다.

일본에서도 1980년대 말 무렵까지는 대도시권에서 성공한 촌사람이 고향에 돌아가 '금의환향'하는 모습을 적잖이 볼 수 있었습니다. 자신의 성공을 고향에 환원하겠다고 마음먹은 사람들에게 성공과 행복의 의미는 자신이라는 독립적인 단위에서는 완결되지 않았던 것입니다.

물론 이들은 권력자가 되어 비리를 저지르거나, 성공한 사람의 발목을 잡는 원인이 되기도 합니다. 또 일가나 일족의 무리 안에서 천덕꾸러기 취급을 받는 사람들의 슬픔도 생각해야만 합니다.

그러나 여기서 제가 강조하고 싶은 것은 자신이라는 단위에서 성공과 역사를 생각하는 것과, 자신과 관계된 사람과의 연결 속에 행복의 의미를 규정하는 것은 매사를 바라보는 방법도, 살아가는 의미도, 역사가 완성되는 방식도, 행동의 선택도 달라진다는 것입니다.

우리가 아랫세대에 대해 시행한 것은, 어쩌면 아랫세대에게 잊힐지도 모릅니다. 그러나 역사의 축적, 카르마의 축적에 대해 생각한다면 없어지지 않습니다. 비록 기억에서 사라져도, 얼마간의 영향은 남을 것이고, 미래를 형성하는 하나의 재료가 됩니다. 각자의 행동은 타인의 행동과 겹쳐지면서 한 덩어리의 역사가 되어 계속 남습니다.

개인사도, 몇 명 단위의 가족 관계나 커뮤니티의 역사도, 좀 더 큰 나라나 사회라고 하는 최대 단위의 역사까지도 모두 연결되어 최종적으로는 역사의 대하를 만들어냅니다. 좋은 일도 나쁜 일도 모두 의미가 있고, 커다란 역사의 한 방울이 되어 쌓여갑니다.

제가 좋아하는 불교 용어로 '인연'이라는 말이 있습니다. 제가 이해하는 범위에서 간단히 설명하면 '모든 사람, 모든 것, 모든 행동은 무한으로 연결되면서 과거와 현재를 만들고, 그것들이 미래의 형태를 만들어간다'라는 사건의 연결이 '인연'입니다.

이 '인연'의 사고방식을 토대로 모든 사람의 모든 행동이 서로 연결되면서 미래를 만들어간다고 생각하면 역시 허무가 존재할 틈은 없습니다. 자신의 행동, 나아가서는 자신의 존재 그 자체조차, 반드시 어떤 형태로 미래에 영향을 주는 하나의 요인이자 유의미한 것이기 때문입니다. 유일무이한 인간관계와 인생의 큰 결정만이 미래를 만드는 것이 아닙니다. 전철 안에서 누군가에게 자리를 양보하는 행위도, 편의점에서 무언가를 사는 행위도, 대국적으로 보면 타인의 행동과 연결되어 미래를 만들어가는 것입니다. 그런 자그마한 행위가 누적되어 개인의 역사도 모두의 역사도 완성되었습니다.

이 관점에서 보면 혼자 무의미하게 살아가는 듯 보이는 사람도 무의미와는 거리가 멀다는 뜻이 됩니다. 누구와도 깊은 관계를 맺지 않고 눈에 띄지 않게 살아가는 사람이라도, 타인을 배려하면서 살아간다면, 또는 범죄에 빠지지 않으려 애쓰며 살아간다면, 그것은 그 사람 나름대로 '인연' 속에서 최선을 다하고 있다고 할 수 있습니다.

살아간다는 것은 여러 가능성 속에서 선택되지 않은 미래를 상실해가는 것임과 동시에, 선택에 의해 생긴 카르마나 '인연'이 쌓여 새로운 역사를 만들어나가는 것이기도 합니다. 할 일을 했다고 생각해도, 할 일을 못 했다고 생각해도, 좋든 싫든 역사는 쌓여갑니다. 그래서 그때의 자신에게 가장 좋은 것을, 자신의 양심에 비춰 부끄럽지 않은 삶을 사는 것이 그 사람에게 가능한 최선의 삶이라고 저는 믿고 있습니다. 그때그때 자신의 최선을 쌓아서, 스스로의 역사를 살아간다면 허무하다고 느끼지 않고 자신의 인생을 긍정할 수 있지 않을까요.

인생의 균형은 사람마다 다르다

어떻게 살아가고, 또 어떻게 늙어가야 인생이 좋은 방향으로 흘러가느냐는 궁극적으로는 사람마다 다릅니다. 어른을 완성하는 방법도, 그 과정도 사람마다 제각각이고, 또 달라야 하는 것입니다. 제3자가 봤을 때 너무나 어른답지 못한 중년이 그 사람이 할 수 있는 선에서 어른을 실천하려고 노력하는 모습을 왕왕 볼 수 있습니다. 그런 어른의 실천을 당사자는 중요하게 여겨야 하며, 제3자가 비난하는 눈길로 바라보는 경우에도 속으로는 '그 사람에게는 그것이 할 수 있는 최선의 의무일 것이다'고 생각해야겠죠.

그러나 어느 정도까지 실천할 수 있는 어른의 수준인지, 어디까지 가능하고, 어디부터 불가능한지를 개개인이 가늠하는 것은 어렵습니다. 젊은 사람들이 자신의 가능성을 가늠하는 것이 어려운 것과 마찬가지로, 중년에게도 자신이 무엇이 가능하고 불가능한지를 평가하는 것이 간단하지 않습니다. 자신을 지나치게 과대평가하면 너무나 많은 책임으로 심신을 해칠지도 모르고, 과소평가가 지나치면 그 재능이 아깝게 됩니다.

청년과 어른의 상황을 어디까지 이해하고 받아들이면 좋을까요. 취미를 인생의 어디까지 소비하는 것이 적당할까요. 잘 살아가는 사람은 군이 말할 필요도 없이 자연스레 판단하고 실천합니다. 그러나 그렇지 않은 사람은 심각한 난제라서 조정에 고심합니다.

인생은 보이지 않는 과녁을 향해 활을 쏘는 것과 같아서 백발백중일 리 없습니다. 그때마다 완벽하게 자기 평가를 하고, 최선의 선택을 하는 것도 불가능합니다. 사람은 종종 그릇된 자기 평가로 결과가 잘못되거나 후회하기도 합니다. 그것은 어쩔 수 없는 일이죠.

그러나 자기 평가의 잘못이 오래 지속되면, 인생에 화근을 남길 정도의 타격이 되기도 합니다. 그것은 청년이든 어른이든 마찬가지입니다. 과한 '자아 찾기'로 중년으로의 전환이 늦은 청년도 직장이나 가정의 인간관계를 소홀히 한 어른도 그것이 10년 단위로 계속되면 나중에 돌이키기 어려울 정도의 손실이 발생하거나 길을 멀리 돌아가야 하는 경우가 생기게 됩니다.

잘못을 빨리 깨닫는 찰지력(헤아려 아는 힘 - 옮긴이)이 있는 사람일수록, 그리고 미세한 수정도 포함하여 고치려는 의지나 능력을 가진 사람일수록 인생은 통제할 수 있고 궤도를 수정하는 것도 쉬워지며, 어떤 문제에 직면했을 때에도 큰 타격 없이 끝낼 수 있습니다.

이런 자기 평가나 인생의 궤도 수정에 대한 찰지력, 그리고 판단력의 구조는 수수께끼 같아서 학력이 높거나 IQ가 높아도 안 되는 사람은 절대 안 되고, 학력이 낮거나 IQ가 낮아도 빈틈없는 사람은 정말 빈틈없이 능숙하게 해치웁니다.

세상 사람들의 언행을 연 단위로 관찰해보았는데, 이런 능력을 제대로 발휘하지 못한 채 인생을 걷는 사람의 궤적을 보고 알게 된 것이 있습니다. 그런 고뇌의 궤적을 마주하는 한, 어떤 식으로 살아가든 상황이나 형편에 맞춰 궤도를 수정해서 걸어갈 만큼의 찰지력과 판단력은 있어야 한다는 것입니다.

　그렇다면 수수께끼 같은 찰지력과 판단력은 어떻게 갈고닦을 수 있을까요? 세상살이가 서투른 사람을 관찰해보니 '어려운 책을 읽으면 된다', '세미나에 참석하면 좋다'라는 식입니다. 하지만 그보다는 자신보다 오래 산 '뛰어난 사람'과 관심을 갖고, 그들에게 직접 배우는 것이 더 가능성이 있습니다.

　여기서 말하는 '뛰어난 사람'이란 '사회적으로 성공한 사람'이라고 할 수는 없습니다. 예를 들어 '마일드 양키'인 소년소녀가 같은 지역의 고령자에게 처세술을 배우거나 만성의 병을 앓고 있는 노인에게 병을 대하는 방법을 배우거나 아이를 키우면서 활동하고 있는 선배 오타쿠의 취미 생활을 앞으로 결혼할 오타쿠가 모방하는 것입니다.

　인생의 처세술을 자신의 사고나 경험만으로 엮어내는 것은 어렵습니다. 인터넷으로 해결의 힌트를 얻을 수 있을지 모르지만, 개인이 인터넷으로 얻을 수 있는 정보는 그 사람이 이미 알고 있는 것이나, 그 사람의 가치관과 크게 다르지 않은 것밖에 없습니다. 당신이 팔로우하는 사람도, 검색하는 단어도 결국 이미 알고 있는 것에서 선택할 수밖에 없으니까요.

그래서 날것의 인간한테서 정보와 노하우를 손에 넣을 수 있는 관계, 그것도 인생 경험이 조금 긴 사람한테서 배우는 관계가 찰지력과 판단력을 갈고닦기 쉽습니다. 행동 범위나 교제 범위가 확대되고 인지 기능도 충분히 발달한 사춘기 이후에는 그런 인간관계를 가졌는지의 여부가 처세술을 얻는 속도를 크게 좌우할 것입니다.

다른 세대와 소통하는 것은 상대방이 나이가 많든 적든 결코 간단하지 않습니다. 몇 번이나 이야기한 것처럼 세대, 가치관 그리고 입장이 달라지기 때문입니다. 그래도 상대방에게 존경심을 갖고 대한다면 소통이 성공할 확률은 올라갑니다. 어른과 청년에게 존경심을 가지려면 나이에 관계없이 '나의 세대가 가장 훌륭하다'는 사고방식에 빠지는 대신 각자의 세대에 맞는 형편과 입장이 있고, 이번 장 앞에서 다룬 것처럼 누구나 '대단하다'는 것, 각자의 인생에는 각자의 역사가 있다는 것을 의식해야 합니다. 그런 인식이야말로 '인간에게 경의를 표하는' 원천이 아닐까요.

존경심은, 넘치거나 모자라더라도 쉽게 상대에게 전달됩니다. 존경심을 갖는다는 습관 자체도, 다른 세대와의 접점을 갖고 있으면 갈고닦을 기회가 많이 생길 것입니다. 반면교사가 아닌 존경심을 품게 되는 어른과 청년을 많이 접하면 더더욱 정밀해지겠죠. 타인을 존중하고 살아가는 습관은 당신의 성별이나 직업, 라이프스타일에 상관없이 소중히 해야 합니다.

살아간다는 것은
고되지만 멋진 일이다

이러니저러니 이야기했지만, 이 책에 쓰인 어른을 부디 너무 올곧게 받아들이지 마시길 바랍니다. 어른은 '이렇게 되고 싶다'는 것이지 '이렇게 되어야만 한다'가 아닌 것입니다.

사람은 모두 각자의 형편과 역사 속에서 최선을 다하고 있으며, 고유의 인생을 걸고 있습니다. 타고난 재능이나 운명에도 큰 개인차가 있습니다. 그래서 누구나 원칙대로 청년을 마치고 어른을 시작할 수 있다고 생각해서는 안 됩니다.

만약 저한테 이 책에 쓰인 어른을 100퍼센트 실천할 수 있느냐고 묻는다면 당연히 그렇지 않다고 대답할 겁니다. 제가 할 수 있는 것은 가능한 한 좋게 나이 들고 싶다고 바라면서, 지금의 제게 가능한 것, 지금의 나이에 적합한 것을 실천하는 것뿐입니다.

세상에는 어른을 목표로 했지만 도중에 탈진한 사람, 그날그날 살아가기 바빠 주변을 돌아볼 수 없는 사람, 사회나 회사를 탓하면서 신참을 괴롭히는 사람도 있습니다. 그런 사람은 특히 아랫세대의 비난을 피할 수 없을 것이고, 실제로 그들에게는 윗세대를 비난할 자격이 있다고 봅니다.

다만 여러분이 윗세대를 비난할 입장에 있다고 해도 부디 잊지 말아주세요. 아랫세대를 제물로 삼는 중년조차 그럴 수밖에 없는 이유나 배경, 역사가 있어서 필시 꼼짝 못하는 상황이라는 것을. 그리고 인생이 축적되는 방식에 따라 누구라도 그렇게 될 가능성이 있다는 사실을.

인생이란 한 치 앞도 알 수 없고, 어제까지 훌륭한 어른이라 알려졌던 사람이 내일은 호된 비판을 받을 수도 있는 것이 현실의 가혹한 부분입니다. 아무리 당신이라도 미래의 '꼰대'가 되지 않을 거라는 보장은 없습니다.

모든 사람에게 일률적으로 경의를 표하는 것은 불가능하고, 늘그막을 더럽히는 윗사람에게 반감을 품는 일도 있을 겁니다. 그러나 그 사람에게도 상응하는 이유와 역사가 있다는 것, 그 사람도 오래 살아온 하나의 인간이라는 사실을 기억해주세요.

아이도 청년도, 중년도 노인도, 살아간다는 것은 고된 일입니다. 그리고 멋진 것이기도 하죠. 아직 인생 경험이 적은데 열심히 사는 사람도, 인생 경험이 길어 역사를 끌고 가는 사람도 모두 대단하다고 할 수 있습니다. 그렇다면 최소한의 존경심을 품을 여지가 있지 않을까요.

저는 여러분이 타인의 입장을 존중하는, 그런 어른이 되었으면 합니다. 그러나 그렇지 않은 어른이 된다고 해도 그 또한 인생입니다. 부디 건강히 살아가주세요. 여러분의 세대뿐만 아니라 모든 세대의 사람에게 행운이 있길 기원합니다.

| 마 치 면 서 |

어른이 되는 자신만의
'타이밍'을 위해

여러분은 미래의 자신에게 편지를 써본 적이 있습니까? 저는 어렸을 때부터 이상한 버릇이 있어서 작가나 전문가가 쓴 책을 반복해서 읽는 것처럼, 과거에 제가 썼던 문장을 반복해서 읽는 걸 좋아합니다. 중학교 시절에 쓴 롤플레잉 게임 공략집이나 대학 과제로 제출한 보고서 등을 이따금 꺼내서 읽고 있습니다. 제가 블로그에 글을 쓰거나 책을 쓰고 싶어 하는 이유 중 하나는 '나중에 다시 읽을 수 있는 개인용 아카이브를 남기는 것'이기 때문입니다.

그렇기 때문에 미래의 자신이 반드시 다시 읽는 걸 가정하고, 미래의 제게 편지를 쓰기도 합니다. 이 책을 쓰기로 결정했을 때 하드디스

크에서 마흔이 된 미래의 제게 보내는 서른 살 때의 제 편지를 찾아내
오랜만에 읽어보았습니다.

편지를 읽으니 서른 살의 제가 되살아났습니다. 아직 사춘기다운 자
의식이 남아 있어 새로운 지식이나 콘텐츠에 탐욕을 부리는 제가, 미래
의 제게 '나를 얕보지 마', '서른 살의 내 의견에 귀를 기울여줘'라고 쓴
모습을 떠올리며 '이걸 인터넷에 공개했다면 굉장한 흑역사가 됐겠다'
라고 미소를 지었습니다.

미래의 자신한테까지 한껏 '얕보지 마'라고 쓰고 있는 서른 살의 제
가 우스워 견딜 수 없으면서, 당시에 그런 자의식을 정말로 갖고 있었
는지 곰곰이 회상했습니다. 그와 동시에 지금 이 순간에도 인터넷이나
SNS에 흑역사를 생성 중인 20~30대의 모습이 겹쳐 보이고, '너희들
반드시 그 글을 잘 간직해서 10년 후의 자신한테 읽게 하라고, 최고의
추억이 될 거야!'라고 생각했습니다.

이 책을 읽고 계신 독자 여러분, 지금 쓰고 있는 SNS 글들을 소중히
보존해주세요. 거기에 미래의 자신에게 보낼 편지를 덧붙이면 완벽합
니다. 그 글들은 지금밖에 쓸 수 없는 것입니다. 과거에 썼던 글을 읽
으면 당시의 나와 소통할 수 있고, 어떤 놀라움이 기다리고 있을 겁니
다. 그 경험은 자신이 선택해온 길이나 걸어온 세월을 선명히 보여줍
니다.

이 책은 사춘기와 어느 정도 멀어지고, 중년의 심경에 꽤 익숙해진 제가 앞으로 중년이 되어가는 사람들, 앞으로 청년을 끝내고 어른을 시작하는 연령의 사람들을 독자로 생각하고 쓴 것입니다. 중년도 나쁘지 않습니다. 어른에는 어른의 장점이 있다는 사실이, 지금 여러분이 생각하고 있는 것만큼 나쁘지 않다는 메시지가 여러분께 얼마나 가닿았을까요.

청년과 조금 다른 어른의 장점과 이점은 여전히 TV나 인터넷상에서 거의 다루지 않습니다. 그래서인지 청년은커녕 어른들조차 어른의 장점이나 이점을 인식하지 못합니다. 그런 불균형적인 인생이 무척 안타깝다는 생각이 들어, 이렇게 청년을 끝내고 어른을 시작하는 것에 대한 주제로 책을 쓰게 되었습니다. 물론 미래의 제가 현재의 제 마음을 남기고 싶어서 썼다는 측면도 부정할 수 없습니다.

저는 43세 시점에, 거짓 없는 마음을 이 책에 엮었습니다. 그렇다는 것은 50대가 된 제가 보면 상당히 미숙하고 어깨에 힘이 들어갔다고 느낄 가능성이 높겠죠. 서른 살에 쓴 글을, 지금 읽으면 쓴웃음을 짓게 되는 것과 마찬가지로 이 책은 10년 후의 제게는 흑역사로서 기억되겠죠. 저는 지금, 굉장히 부끄러운 짓을 하고 있는 겁니다.

그 대신, 중년이 되고 어느 정도 시간이 지난 한 인간이 이 나이에 보이는 마음속 풍경을 가감 없이 솔직하게 담아냈습니다. 이 책은 40

대인 지금이 아니면 쓸 수 없는 것이죠. 만약 50대인 제가 쓴다고 해도 세월에 의해 바뀌어버린 미래의 저는 이렇게 쓸 수 없을 겁니다.

'어른에 익숙해지기 시작한 나의 심경을 어른을 바로 코앞에 두고 헤매는 사람에게 전하려면 지금밖에 없다'고 생각한 시기에 이스트 프레스의 편집자 호벤 씨의 집필 의뢰로 이런 기회를 선물받았습니다. 청년이 끝나버린 것에 당황하는 사람이나, 그걸 인정하고 싶지 않은 사람에게 지금까지와 다르게 바라보는 방법이 전달된다면 이 책은 성공한 것입니다.

이 책에 쓰인 것은 지극히 주관적인 것이니 누구나가 반드시 이런 기분이 된다고는 할 수 없고, 된다고 해도 그 시기에 앞뒤로 10년 정도의 차이가 있을 것입니다.

그래도 나이가 들고, 역사가 점차 축적된다는 법칙은 모든 인간에게 해당하는 것이고 누구나 언젠가 그 사실을 깨닫습니다. 그래서 이 책에 쓰인 내용의 일부는 30~40대에게 높은 확률로 자각하고 지나갈 것이라고 생각합니다. 필시 50대나 60대가 되면 또 다른 자각이 태어나겠지요.

여러분은 지금 청년이라는 시기를 맞아 한창 정신없을지도 모르고, 슬슬 어른을 시작했거나, 이제 시작해야 하나 곰곰이 생각하는 시기일지 모릅니다. 어느 쪽이든 그 모든 것은 지금밖에 할 수 없고, 결국 할 수 없을 수도 있습니다.

그래서 여러분은 지금이라는 순간을 소중히 하면서 앞으로 다가오는 미래를 향해 문을 활짝 열어두길 바랍니다. 그리고 과거의 자신이 되어가는 지금의 자신을 소중히 여기세요. 인간이 자기 행동의 축적이나 역사에서 도망칠 수 없다면, 조금이라도 미래의 나에게 유리한 쪽으로 순간순간의 사건이나 행동을 소중히 쌓아가야 하지 않을까요.

제게 이 책을 지금 나이에 쓰는 것이 필연이었던 것과 마찬가지로 여러분에게도 지금 나이에, 지금 해두어야만 하는 필연적인 일이 반드시 있을 겁니다. 지금 우리가 할 수 있는 모든 것을 열심히 하고, 바로 한 치 앞의 미래에도 신경 쓰면서 주변의 어른들을 참고로 한다면 꽤 긍정적으로 나이를 먹을 수 있지 않을까요. 그래서 어른에 대해 일정한 예측을 알아두면 자신에게 어른이 찾아왔을 때도 당황하지 않고, 어른의 무대이기 때문에 가능한 것, 해야만 하는 걸 쉬이 할 수 있을 것입니다.

인생이 전환하는 타이밍은 사람에 따라 다르지만, 너무 성급해도 너무 늦어도 좋지 않습니다. 그래서 지금 해야 할 일을 소홀히 해서는 안됩니다.

오늘 하루를 쌓아 미래를 만들어가는 것은 여러분의 부모나 세상의 가치관, 시대의 공기가 아닙니다. 다름 아닌 현재 여러분 자신입니다. 부디 현재를 소중히 쌓아가고, 때때로 미래도 생각하면서 여러분만의 역사를 사랑하길 바랍니다.

옮긴이 정혜주

책을 통해 또 다른 세계로 여행을 떠날 수 있다는 점에 매혹되어 편집자의 세계에 발을 들여놓았으나 텍스트가 주는 압박에 고군분투하는 삶을 살고 있다. 다음 생에는 놀고먹으며 취향의 독서에만 빠지는 것이 유일한 꿈이다. 서울여대 일문학과와 한국외대 일본어 교육대학원에서 수학했다. 옮긴 책으로 《결국은, 자존감》, 《진흙이 있기에 꽃은 핀다》, 《돈과 인생의 진실》, 《내가 있을 곳이 없다고 느낄 때》, 《좋아하는 일만 하며 사는 법》, 《말하지 않고 이기는 법》, 《나에게는 지우고 싶은 기억이 있다》 등이 있다.

마흔에는 어른이 될 줄 알았다

1판 1쇄 인쇄 2019년 1월 17일
1판 1쇄 발행 2019년 1월 25일

지은이 구마시로 도루
옮긴이 정혜주
펴낸이 김성구

책임편집 현미나
단행본부 류현수 이은정 고혁
디자인 한아름 문인순
제 작 신태섭
마케팅 최윤호 나길훈 유지혜 김영욱
관 리 노신영

펴낸곳 (주)샘터사
등 록 2001년 10월 15일 제1-2923호
주 소 서울시 종로구 창경궁로35길 26 2층 (03076)
전 화 02-763-8965 (단행본부) 02-763-8966 (마케팅부)
팩 스 02-3672-1873 **이메일** book@isamtoh.com **홈페이지** www.isamtoh.com

한국어 판권 ⓒ (주)샘터사, 2019, Printed in Korea.

ISBN 978-89-464-2097-7 03190

이 도서의 국립중앙도서관 출판시도서목록(CIP)은 e-CIP 홈페이지
(http://www.nl.go.kr/cip.php)에서 이용하실 수 있습니다. (CIP제어번호: CIP2019001298)

값은 뒤표지에 있습니다.
잘못 만들어진 책은 구입처에서 교환해드립니다.